D1754080

MIX
Papier aus verantwortungsvollen Quellen
Paper from responsible sources
FSC® C105338

Olaf Pinner

Produktkriterien einer Mobile Wallet zur Zufriedenheit und Akzeptanz der deutschen Endanwender

Eine Untersuchung auf der Basis des Kano-Modells

Diplomica Verlag GmbH

Pinner, Olaf: Produktkriterien einer Mobile Wallet zur Zufriedenheit und Akzeptanz der deutschen Endanwender: Eine Untersuchung auf der Basis des Kano-Modells, Hamburg, Diplomica Verlag GmbH 2014

Buch-ISBN: 978-3-8428-9232-3
PDF-eBook-ISBN: 978-3-8428-4232-8
Druck/Herstellung: Diplomica® Verlag GmbH, Hamburg, 2014

Bibliografische Information der Deutschen Nationalbibliothek:
Die Deutsche Nationalbibliothek verzeichnet diese Publikation in der Deutschen Nationalbibliografie; detaillierte bibliografische Daten sind im Internet über http://dnb.d-nb.de abrufbar.

Das Werk einschließlich aller seiner Teile ist urheberrechtlich geschützt. Jede Verwertung außerhalb der Grenzen des Urheberrechtsgesetzes ist ohne Zustimmung des Verlages unzulässig und strafbar. Dies gilt insbesondere für Vervielfältigungen, Übersetzungen, Mikroverfilmungen und die Einspeicherung und Bearbeitung in elektronischen Systemen.

Die Wiedergabe von Gebrauchsnamen, Handelsnamen, Warenbezeichnungen usw. in diesem Werk berechtigt auch ohne besondere Kennzeichnung nicht zu der Annahme, dass solche Namen im Sinne der Warenzeichen- und Markenschutz-Gesetzgebung als frei zu betrachten wären und daher von jedermann benutzt werden dürften.

Die Informationen in diesem Werk wurden mit Sorgfalt erarbeitet. Dennoch können Fehler nicht vollständig ausgeschlossen werden und die Diplomica Verlag GmbH, die Autoren oder Übersetzer übernehmen keine juristische Verantwortung oder irgendeine Haftung für evtl. verbliebene fehlerhafte Angaben und deren Folgen.

Alle Rechte vorbehalten

© Diplomica Verlag GmbH
Hermannstal 119k, 22119 Hamburg
http://www.diplomica-verlag.de, Hamburg 2014
Printed in Germany

Inhaltsverzeichnis

Inhaltsverzeichnis

Abbildungsverzeichnis

Tabellen-Verzeichnis

Abkürzungen

Abstrakt

1 Einleitung 1
   1.1   Hintergrund und Problemstellung 1
   1.2   Forschungsfrage 2
   1.3   Zweck und Ziel der Studie 2
   1.4   Vorgehen 3
   1.5   Definition, Einordnung und Abgrenzung der Mobile Wallet 5

2 Theoretischer und konzeptioneller Rahmen 12
   2.1   Das Kano – Modell zur Analyse der Kundenzufriedenheit 12
       2.1.1   Beschreibung 12
       2.1.2   Theoretische Fundierung 14
       2.1.3   Kano- Methode 17
       2.1.4   Vergleich zu anderen Methoden 19
       2.1.5   Gründe für die Auswahl 20
       2.1.6   Einschränkungen 20
   2.2   Technologie Akzeptanz Modell für Mobile Services 21
       2.2.1   Beschreibung 21
       2.2.2   Gründe für Auswahl 22
       2.2.3   Einschränkungen 22
   2.3   Grundlagen von Usability und User Experience 22
       2.3.1   Usability 22
       2.3.2   User Experience 24

3 Nutzungskontext und Produktanforderungen 27
       3.1.1   Stakeholder 27
       3.1.2   Benutzer und deren Einstellungen 29
       3.1.3   Aufgaben 37
       3.1.4   Besondere technische Anforderungen an das Smartphone 41
       3.1.5   Anforderungen aus der physischen und sozialen Umgebung 46
       3.1.6   Vorhandene Akzeptanzstellen 47
       3.1.7   Konkurrenzprodukte 49

4 Methodik 52
   4.1   Forschungsdesign 52
   4.2   Clusterung der Produktkriterien 56
   4.3   Auswahl von Teilnehmern und der Stichprobe 59
       4.3.1   Experten und Pre-Tester der Fragebogen-Konstruktion 59
       4.3.2   Stichprobe der Endanwender-Befragung 60

	4.4	Methoden und Instrumente zur Erhebung der Daten 61
	4.4.1	Konstruktion des Fragebogen.. 61
	4.4.2	Bereitstellung des Fragebogen in einer Online-Umfrage......................... 73
	4.5	Objektivität, Validität und Reliabilität... 73
	4.6	Hypothesen 74
5	Datenanalyse... 76	
	5.1	Beschreibung des Datasets... 76
	5.2	Plausibilitätscheck und Güte des Fragebogen-Design................................. 78
	5.3	Deskriptive Statistiken 78
	5.4	Kano – Analyse 87
6	Befunde und Ergebnisse... 96	
	6.1	Bestätigung oder Widerlegung der Hypothesen 96
	6.2	Beantwortung der Forschungsfrage... 98
	6.3	Weitere Ergebnisse aus der Datenanalyse... 101
	6.4	Besonders zu beachtende Themen 103
7	Zusammenfassung und Empfehlungen 104	
	7.1	Fazit 104
	7.2	Beitrag der Studie.. 104
	7.3	Auswirkungen und Empfehlungen 105
	7.4	Zukünftige Forschung.. 107

Literaturverzeichnis.. 108

Anhangverzeichnis 129

Abbildungsverzeichnis

Abbildung 1: Vorgehensplan der Forschungsarbeit 4
Abbildung 2: Abgrenzung der Mobile Wallet in der digitalen Ökonomie 6
Abbildung 3: Differenzierung des Mobile Payments bei Initiierung / Akzeptierung.... 9
Abbildung 4: Das Kano - Modell für die Klassifizierung von Produktanforderungen 14
Abbildung 5: Das Konfirmation / Diskonfirmation-Paradigma 15
Abbildung 6: Zufriedenheit: Konventionelles / Zwei-Faktor - Kontinuum 16
Abbildung 7: Kano - Auswertungstabelle 18
Abbildung 8: Technologie Akzeptanz Modell für Mobile Services 21
Abbildung 9: Prozess - Modell für das „User-Centered Design" 24
Abbildung 10: Unterschied zwischen Usability und User Experience 25
Abbildung 11: User Experience als Bedürfnispyramide des Nutzers 26
Abbildung 12: Rollen und Stakeholders im Bereich des Mobile Payment 29
Abbildung 13: Anzahl der mobilen Internet Benutzer in Deutschland 30
Abbildung 14: Geschlecht/Altersklassen der mobilen Internet-Benutzer 31
Abbildung 15: Bildungsabschlüsse der mobilen Internet-Benutzer 31
Abbildung 16: Beschäftigungsverhältnis der mobilen Internet-Benutzer 32
Abbildung 17: Haushalts-Nettoeinkommen der mobilen Internet-Benutzer 32
Abbildung 18: 67% der Deutschen zweifeln an der Sicherheit der Mobile Wallet 33
Abbildung 19: Die wichtigsten Smartphone-Plattformen in Deutschland 44
Abbildung 20: Internationaler Marktanteil Smartphone-Betriebssysteme bis 2016 .. 45
Abbildung 21: Menüführung der Google - Wallet 46
Abbildung 22: Menüführung der mpass - Wallet 46
Abbildung 23: Beispiel eines payWave - Terminal von Visa 47
Abbildung 24: Beispiel eines payPass - Terminal von Mastercard 48
Abbildung 25: Beispiel eines GiroGo - Terminal 48
Abbildung 26: Beispiel einer payWave - Kreditkarte von Visa 49
Abbildung 27: Beispiel einer payPass - Kreditkarte 50
Abbildung 28: Beispiel einer GiroGo - Kreditkarte 50
Abbildung 29: E-Commerce Zahlungsinfrastruktur in 2011 51
Abbildung 30: Forschungsdesign der Untersuchung 55
Abbildung 31: Abfrage-Beispiel der Kano-Methode 69
Abbildung 32: Abfrage-Beispiel der Wichtigkeit der Produkteigenschaften 69
Abbildung 33: Direkte Abfrage der „Puscher" und KO-Kriterien für die Akzeptanz .. 69
Abbildung 34: Abfrage von fehlenden Produkteigenschaften 70
Abbildung 35: Ermittlung der Produktempfindung und Nutzungsabsicht 70

Abbildung 36: Sozio-demographische Benutzer-Merkmale, Teil 1 71
Abbildung 37: Sozio-demographische Benutzer-Merkmale, Teil 2 71
Abbildung 38: Abfrage der Nutzung von Konkurrenz-Produkten 72
Abbildung 39: Wahrgenommene Usability 83
Abbildung 40: Wahrgenommene Utility 83
Abbildung 41: Wahrgenommene Security 84
Abbildung 42: Nutzungsabsicht und aktuelle Nutzung der Konkurrenzprodukte 85
Abbildung 43: CS-Koeffizienten der Produktkriterien im Koordinaten-System 96
Abbildung 44: Online - Befragung: Eingangsseite 1/2 136
Abbildung 45: Online - Befragung: Eingangsseite 2/2 136
Abbildung 46: Online - Befragung: Abfrage der Usability – Kriterien 1/3 137
Abbildung 47: Online - Befragung: Abfrage der Usability – Kriterien 2/3 138
Abbildung 48: Online - Befragung: Abfrage der Usability – Kriterien 3/3 138
Abbildung 49: Online - Befragung: Abfrage der Utility – Kriterien 1/3 139
Abbildung 50: Online - Befragung: Abfrage der Utility – Kriterien 2/3 140
Abbildung 51: Online - Befragung: Abfrage der Utility – Kriterien 3/3 140
Abbildung 52: Online - Befragung: Abfrage der Security – Kriterien 1/2 141
Abbildung 53: Online - Befragung: Abfrage der Security – Kriterien 2/2 142
Abbildung 54: Online - Befragung: Abfrage der Kosten – Kriterien 143
Abbildung 55: Online - Befragung: Wichtigkeit der Produktkriterien 1/3 143
Abbildung 56: Online - Befragung: Wichtigkeit der Produktkriterien 2/3 144
Abbildung 57: Online - Befragung: Wichtigkeit der Produktkriterien 3/3 145
Abbildung 58: Online - Befragung: Akzeptanz, Empfindungen, Nutzungsabsicht .. 145
Abbildung 59: Online - Befragung: Abfrage der Benutzerangaben 1/2 146
Abbildung 60: Online - Befragung: Abfrage der Benutzerangaben 2/2 146

Tabellen-Verzeichnis

Tabelle 1: Bezahlverfahren des Mobile Payment 8
Tabelle 2: Aktuelle Mobile Payment - Verfahren (Teil 1), Status vom 01.06.13 10
Tabelle 3: Aktuelle Mobile Payment - Verfahren (Teil 2), Status vom 01.06.13 11
Tabelle 4: Vergleich der Methoden zur Attributkategorisierung 19
Tabelle 5: Hauptaufgaben 1-3 der Mobile Wallet 38
Tabelle 6: Unteraufgaben 1-3 der Mobile Wallet 39
Tabelle 7 :Unteraufgaben 4-6 der Mobile Wallet 39
Tabelle 8: Unteraufgaben 7-8 der Mobile Wallet 40
Tabelle 9: Unteraufgaben 10-11 der Mobile Wallet 40
Tabelle 10: Clusterung der Produktkriterien 1- 25 57

Tabelle 11: Clusterung der Produktkriterien 26 - 51 58
Tabelle 12: Experten zur Verifizierung der Mobile Wallet - Produktkriterien 59
Tabelle 13: Zusammensetzung des Pre-Test 60
Tabelle 14: Stichprobe der Endanwender-Befragung, angelehnt an AGOF-Studie .61
Tabelle 15: Zeitplan für die Experten-Interviews 62
Tabelle 16: Finale abzufragende Usability-Produktkriterien 67
Tabelle 17: Finale abzufragende Utility-Produktkriterien 67
Tabelle 18: Finale abzufragende Security & Trust - Produktkriterien 68
Tabelle 19: Finale abzufragende Costs-Produktkriterien 68
Tabelle 20: Zeitplanung für die Pre-Tests 72
Tabelle 21: Auflistung aller Hypothesen (eigene Tabelle) 76
Tabelle 22: 1. Teil des Datensatzes 77
Tabelle 23: 2. Teil des Datensatzes 78
Tabelle 24: Häufigkeitsverteilung der Antworten bei den erfüllten Produktkriterien .80
Tabelle 25: Wichtigkeitseinstufungen der einzelnen Produktkriterien 81
Tabelle 26: Höchste Akzeptanz/Ablehnung bei Erfüllung/Nicht-Erfüllung 82
Tabelle 27: Allgemeines Produktempfinden nach Altersgruppen und Geschlecht ..86
Tabelle 28: Auswirkung einer schlecht/moderaten Utility/Security/Usability auf die Nutzungsabsicht 87
Tabelle 29: Häufigkeitsverteilung der Kano-Attribute pro Produktkriterium 88
Tabelle 30: Häufigkeiten der Kano-Attribute bei Altersgruppen bis / über 40 Jahre .89
Tabelle 31: Häufigkeiten der Kano-Attribute bei Frauen / Männer 90
Tabelle 32: Category Strength und Total Strength pro Produktkriterium 91
Tabelle 33: Ergebnismatrix nach der Total Strength 92
Tabelle 34: Wichtigkeit der Produktkriterien (Durchschnittswerte) 93
Tabelle 35: CS-Koeffizienten der Produktkriterien (Durchschnittswerte) 95
Tabelle 36: Begeisterungsattribute der Mobile Wallet 99
Tabelle 37: Basisattribute der Mobile Wallet 99
Tabelle 38: Einzelwerte der Un-/Zufriedenheitsstiftung 100

Abkürzungen

BI   Intention to Use
CTQ   Critical to Quality
EB   Electronic Business

EC	Electronic Commerce	
GPS	Global Positioning System	
GSM	Global System for Mobile Communications	
HTML	Hypertext Markup Language	
IOS	IPhone Operating System	
ISO	International Organization for Standardization	
LTE	Long Term Evolution	
MB	Mobile Business	
MC	Mobile Commerce	
MP	Mobile Payment	
NFC	Near Field Communication	
PEOA	Perceived Ease of Adoption	
PEOU	Perceived Ease of Use	
PIN	Persönliche Identifikationsnummer	
POS	Point of Sale	
PV	Perceived Value	
QFD	Quality Function Deployment	
QR	Quick Response	
SE	Secure Element	
SIM	Subscriber Identity Module	
SMS	Short Message Service	
TAM	Technology Acceptance Model	
TAMM	Technology Acceptance Model for Mobile Services	
TIU	Taking Into Use	
UMTS	Universal Mobile Telecommunications System	
URL	Uniform Resource Locator	
USB	Universal Serial Bus	
UX	User Experience	
VOC	Voice of Customer	
WLAN	Wireless Local Area Network	

Abstrakt

Ein Smartphone kann mit einer speziellen Anwendung und einer geeigneten Funktechnologie als Bezahlmedium und Alternative zu Bargeld und EC-/Kreditkarten genutzt werden. Dieses Mobile Payment - Verfahren wird allgemein als *Mobile Wallet* bezeichnet und ist ein globales Hype-Thema geworden. Telekommunikations-Konzerne, Smartphone-Hersteller, Kreditkarten-Gesellschaften, Internet-Firmen und Banken wittern hier einen Milliarden-Markt der Zukunft. Die Einführung und Nutzung verläuft allerdings sehr langsam, insbesondere in Deutschland. Aktuelle Studien belegen, dass diese Verzögerung seitens der Anwender auf Zufriedenheits- und Akzeptanzprobleme zurückzuführen ist. Zu dem kennen die Anbieter auch nicht die genauen Anforderungen und Wünsche der Kunden. Dieses Buch untersuchte nun die Produktkriterien, welche den größten Einfluss auf die Zufriedenheit und Akzeptanz der deutschen Endanwender mit der Mobile Wallet haben. Dabei fanden zuerst eine Nutzungskontext-Analyse und eine Ableitung von Produktanforderungen statt. Diese wurden anschließend durch Experten verifiziert und in einer Online-Umfrage bei Endanwendern abgefragt. Als konzeptioneller Rahmen diente das in der Praxis schon oft bewährte *Kano-Modell der Zufriedenheit*. Das Kano-Modell basiert auf einer Mehr-Faktor-Struktur der Kundenzufriedenheit und bietet ein besseres Verständnis der Kundenanforderungen, in dem es zwischen Basis-, Leistungs- und Begeisterungsanforderungen differenziert. Zusätzlich wurde zur Erklärung der Akzeptanzbildung und Nutzungsabsicht noch das *Technologie Akzeptanz Modell für Mobile Services* betrachtet. Als Ergebnis dieser Untersuchung können *Utility* -und *Usabilitykriterien* mit größtem Einfluss auf die Zufriedenheit festgestellt werden. Die einflussreichsten Einzelmerkmale sind hier das *Mobile Ticketing* und die *„Anwendbarkeit in allen Geschäften"*. Die Unzufriedenheit und In-Akzeptanz ergeben sich im verstärkten Maße aus der Nicht-Erfüllung der *Security-Kriterien*. Hier sind insbesondere ein *„Schutz vom dem Ausspähen sensibler Benutzerdaten"* beim *kontaktlosen Bezahlen* und eine *„direkte Deaktivierungsmöglichkeit bei Verlust"* gefragt. Insgesamt sind die Resultate der Forschungsarbeit nur eingeschränkt aussagekräftig, da es noch zu keinem breitflächigen Einsatz der Mobile Wallet in Deutschland gekommen ist und damit längerfristige, praktische Erfahrungswerte im direkten Vergleich zu bestehenden Bezahlverfahren fehlen.

1 Einleitung

1.1 Hintergrund und Problemstellung

Weltweit und auch in einem besonderen Maße in Deutschland (Statista 2012a) findet eine Ausbreitung und Nutzung von Smartphones statt. Ein Smartphone kann mit einer speziellen Anwendung und einer geeigneten Funktechnologie als Bezahlmedium und Alternative zu Bargeld und EC-/Kreditkarten genutzt werden. Dieses Mobile Payment - Verfahren wird allgemein als „Mobile Wallet" bezeichnet. Das Quittieren einer Zahlung kann dabei auf unterschiedliche Art und Weise geschehen. Es kann zum Beispiel durch kontaktloses Vorbeiziehen des Smartphone in einem geringen Abstand am Bezahl-System geschehen (NFC-Technik) oder es findet einfach durch eine Bestätigung per SMS / Barcode-Scan statt. Die Mobile Wallet bzw. Mobile Payment ist ein globales Hype-Thema geworden. Es vergeht kein Tag, wo nicht neue Allianzen zwischen Unternehmen für gemeinsame Produktentwicklungen oder Services eingegangen werden. Telekommunikations-Konzerne, Smartphone-Hersteller, Kreditkarten-Gesellschaften, Internet-Firmen und Banken wittern hier einen Milliarden-Markt der Zukunft. Die Einführung und Nutzung verläuft allerdings sehr langsam. Es gibt nur wenige Verfahren, welche schon in Betrieb sind. Dazu gehören zum Beispiel die *Google-Wallet* (Google 2013) in den USA oder auch die *Telekom MyWallet* in Polen (T-Online 2013). In Deutschland ist das Bezahlen per Smartphone ebenso nicht weit fortgeschritten. So gibt es hier lediglich das Gemeinschaftssystem *MPass* (MPass 2013) von O2, Vodafone und Telekom. Dieses wird auch nur sehr wenig benutzt und erhält schlechte Kritiken (GooglePlayStore 2013). Die Telekom plant noch die Expansion ihrer *MyWallet – Lösung* auf Deutschland bis Ende 2013. Insgesamt basiert diese verzögerte Umsetzung auf eine fehlende Akzeptanz seitens der Händler (NTTDATA 2013) und auch der Kunden, bzw. Endanwender. So zeigen Studien über Mobile Payment in Deutschland (Faktenkontor 2012, p. 1), dass 61 % der Endanwender sich das Smartphone nicht als Mobile Wallet vorstellen können. Bei 67 % existieren hohe Sicherheitsbedenken und von 47 % wird die Bezahlung mit Bargeld und EC-Karten noch als bequemer angesehen (Faktenkontor 2011, p.1). Diese Studienergebnisse belegen als erstes, dass die Mobile Wallet hinsichtlich ihrer Eigenschaften und Einsatzmöglichkeiten noch nicht so richtig bekannt bzw. transparent ist. Des Weiteren weisen sie auf Zufriedenheits- und Akzeptanzprobleme hin. Die Anbieter haben außerdem das Problem, dass sie nicht genau wissen, welche Anforderungen und Wünsche die Kunden an die Mobile Wallet haben. Was sind hier im Einzelnen die Barrieren, was kann die Benutzer begeistern? Welche *Killer-Applikation* bringt die Mobile Wallet auf Erfolgskurs? All diese Problemstellungen will die vorliegende Forschungsarbeit mit der unter Punkt 1.2 angegebenen Forschungsfrage näher untersuchen.

1.2 Forschungsfrage

Ausgehend von der oben beschriebenen Problemstellung lautet die Forschungsfrage:

> **Welche Produktkriterien haben den größten Einfluß auf die Zufriedenheit und Akzeptanz der deutschen Endanwender mit der "Mobile Wallet"?**

Zu Beantwortung dieser Fragestellung werden folgende Unterfragen geklärt:

> **U1:** Wie kann man die Zufriedenheit mit der Mobile Wallet analysieren und messen?
> **U2:** Welche Faktoren beeinflussen die Akzeptanz?
> **U3:** Was sind allgemeine Anforderungen hinsichtlich der Gebrauchstauglichkeit und dem Nutzungserlebnis?
> **U4:** Wie sehen der Nutzungskontext und die konkreten Produktanforderungen an der Mobile Wallet aus?

1.3 Zweck und Ziel der Studie

Mit der Beantwortung der obigen Forschungsfrage sollen mehrere Zwecke und Ziele verfolgt werden. Zuerst beabsichtigt diese Studie den Produktherstellern, Anbietern, und Software-Entwicklern ein tiefer gehendes Wissen über die Mobile Wallet zu verschaffen. Ihnen wird ein Überblick verschafft, welche Lösungen zu Zeit angeboten werden und wie deren Eigenschaften und Einsatzmöglichkeiten sind. Des Weiteren ist die Aufgabe der Forschungsarbeit die Benutzeranforderungen an das neue Bezahlsystem im Detail aufzuzeigen. Was stimmt ihn zufrieden? Was begeistert ihn? Wo sieht er Risiken? Diese Fragen sollen mit dem in Kundenzufriedenheits-Forschung bewährten Kano-Model beantwortet werden. Damit sind die obigen Adressaten in der Lage Prioritäten und Aufgaben im Rahmen der Produktentwicklung, Produktmanagement oder Marketing-Strategie zu erkennen und zu planen. Weiterhin möchte die Studie durch das *Kano- Modell* und in Kombination mit dem *Technologie Akzeptanz Modell für Mobile Services* neuere Erkenntnis-Gewinne gegenüber älteren Studien schaffen. Diese neuen Feststellungen ermöglichen letztendlich auch die Zurückhaltung der Deutschen Endanwender genauer zu erklären.

1.4 Vorgehen

Dieser Paragraph beschreibt grob den Vorgehensplan der Untersuchung. Die Details des Forschungsdesign werden unter der *Methodik* aufgezeigt.

Als erstes definiert der Punkt 1.5 zum besseren Verständnis des Forschungsgegenstandes die Mobile Wallet und ordnet sie innerhalb der digitalen ökonomischen Bereiche ein. Des Weiteren führt er zur Abgrenzung gegenüber anderen Mobile Payment - Verfahren eine aktuelle ausführliche Markt-Analyse durch.

Auf dieser Grundlage beginnt der theoretische Teil der Studie in Kapitel 2. Hier wird zunächst unter Punkt 2.1 das *Kano-Modell der Kundenzufriedenheit* beschrieben. Es bildet den konzeptionellen Rahmen der Forschungsarbeit. Das *Kano-Modell* erklärt, wie man die Zufriedenheit mit der Mobile Wallet analysieren und messen kann (Forschungsunterfrage U1). Anschließend geht der Punkt 2.2 auf das *Technologie Akzeptanz Modell für Mobile Services* ein. Das TAMM zeigt die Faktoren auf, welche die Akzeptanz bzw. Nutzungsabsicht beeinflussen (Forschungsunterfrage U2). Dann beschäftigt sich der Abschnitt 2.3 mit den wissenschaftlichen Grundlagen der *Usability* und der *User-Experience* von Produkten. Dieser Themenbereich greift die Forschungsunterfrage U3 auf und erläutert allgemeine Anforderungen, welche die Mobile Wallet hinsichtlich der Gebrauchstauglichkeit und dem Nutzungserlebnis erfüllen muss. Zum Ende der Theorie wird im Absatz 3 eine Nutzungskontext-Analyse betrieben, welche die Forschungsunterfrage U4 beantwortet und konkrete Produktanforderungen ableitet.

Mit dem nächsten Kapitel 4 beginnt die Empirie. Dieses erklärt im Detail die Methodik zur Beantwortung der Forschungsfrage. Hierbei wird das Forschungsdesign inkl. der Teilnehmer und Methoden der Experteninterviews und der Endanwender-Befragung beschrieben. Nach Beurteilung der Güte der Forschungsergebnisse werden zum Abschluss des Kapitels die Hypothesen aufgestellt.

Der folgende Paragraph 5 betreibt die Analyse der erhobenen Daten aus der Befragung. Hier werden insbesondere die *Kano-Auswertungen* durchgeführt.

Der anschließende Punkt 6 präsentiert die Befunde und Ergebnisse der Datenanalyse. Zudem prüft er die Hypothesen, beantwortet die Forschungsfrage und zeigt weitere wichtige Resultat auf.

Zum Schluss findet im Kapitel 7 eine Zusammenfassung und Empfehlung der Studie statt. Dabei wird zunächst ein Fazit gezogen und der Beitrag der Forschungsarbeit erklärt. Mögliche Auswirkungen der Studienergebnisse und die daraus abzuleitenden Empfehlungen und notwendigen zukünftigen Forschungen werden zuletzt beschrieben.

Die folgende Abbildung gibt stufenweise den Vorgehensplan wieder:

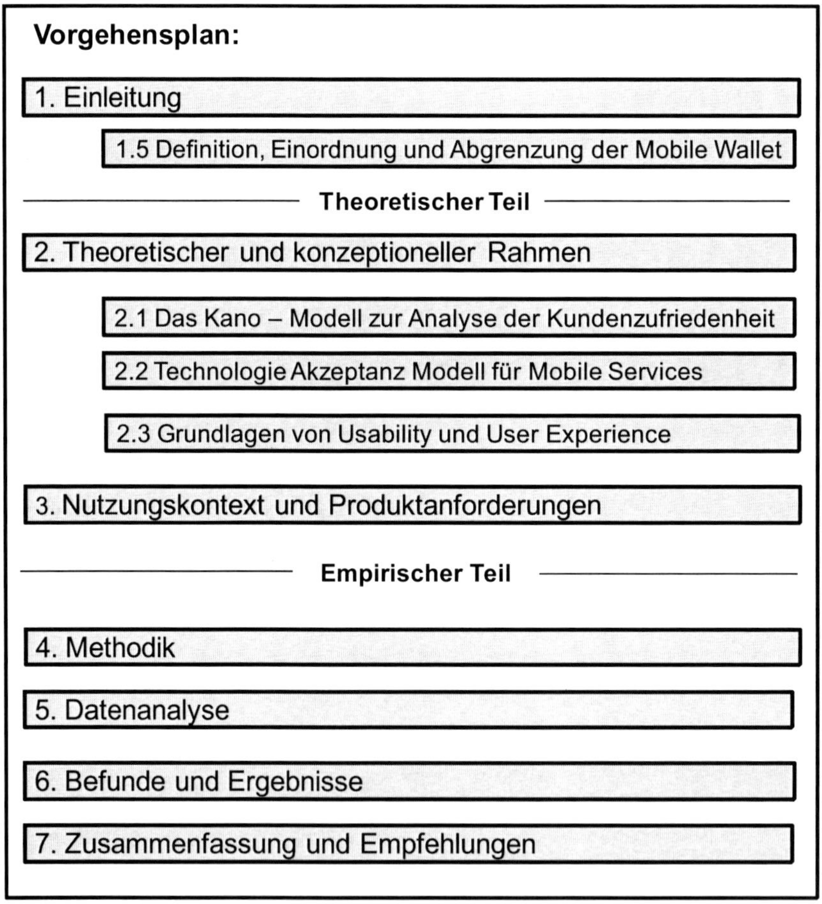

Vorgehensplan:

1. Einleitung
- 1.5 Definition, Einordnung und Abgrenzung der Mobile Wallet

───── Theoretischer Teil ─────

2. Theoretischer und konzeptioneller Rahmen
- 2.1 Das Kano – Modell zur Analyse der Kundenzufriedenheit
- 2.2 Technologie Akzeptanz Modell für Mobile Services
- 2.3 Grundlagen von Usability und User Experience

3. Nutzungskontext und Produktanforderungen

───── Empirischer Teil ─────

4. Methodik

5. Datenanalyse

6. Befunde und Ergebnisse

7. Zusammenfassung und Empfehlungen

Abbildung 1: Vorgehensplan der Forschungsarbeit

1.5 Definition, Einordnung und Abgrenzung der Mobile Wallet

Definition der Mobile Wallet

Van Tilborg und Jajodia (2011, p. 789) betrachten die Mobile Wallet als das elektronische Äquivalent zur physikalischen Geldbörse, welche Geld, Personalausweise, Zahlkarten und andere persönliche Wertgegenstände aufbewahrt. Sie besteht aus Hardware und Software die eine sichere Speicherung / Verwaltung und Benutzung der Daten, der Geldbörse-Anwendungen und der Authentifizierung des Halters gewährleisten. Nach ihrer Meinung gibt es zwei Möglichkeiten der Implementierung:

- Alle Komponenten (Hard, Software, Daten) liegen auf dem mobilen Endgerät und werden vom Halter benutzt;
- Die mobile Geldbörse wird als Dienst von einem entfernten Server angeboten und ist erreichbar von einem (mobilen) Endgerät des Halter;

Brauckmann (2011, p. 1116) meint, dass bei den Mobile Wallet - Ansätzen die Logik der bisherigen Kartenzahlungen vom Grundsatz beibehalten wird, aber nur durch eine andere Technologie ersetzt wird. Die bisherigen physischen Karten wandern in eine sichere Umgebung des Handys, den sogenannten Secure Elements (SE). Es wird nur ein anderes Medium (Smartphone) genutzt. Die Zahlung findet wie bei kontaktlosen Karten über NFC statt.

Die Einordnung der Mobile Wallet innerhalb der digitalen ökonomischen Bereiche

Bei der Nutzung von digitalen Informationstechnologien wird zwischen unterschiedlichen ökonomischen Bereichen unterschieden. Dazu zählen *Electronic Business* (EB), *Electronic Commerce* (EC), *Electronic Payment* (EP), *Mobile Business* (MB), *Mobile Commerce* (MC) und *Mobile Payment* (MP). Wo lässt sich die Mobile Wallet nun genau einordnen?

Folgt man den Definitionen in der wissenschaftlichen Literatur, so ergibt sich ein leicht verständliches Bild für die Einordnung der Mobile Wallet. So werden in den Bereichen *Electronic Business*, *Electronic Commerce* und *Electronic Payment* grundsätzlich alle Formen der elektronischen Informations- und Kommunikationstechnologie betrachtet. Für Negelmann (2001, p. 391) ist *Electronic Business* ein umfassender Begriff für die durch den Einsatz elektronischer Informations- und Kommunikationstechnologien gestützte Abwicklung und

Unterstützung von Wertschöpfungsketten in Unternehmen. Diese Wertschöpfungsketten beinhalten u.a. Beschaffungsprozesse, Produktion, Administration oder Vertrieb. *Electronic Commerce* kann als Unterkategorie des *Electronic Business* gesehen werden, bei der nicht alle Wertschöpfungsketten betrachtet werden, sondern nur jede Art von geschäftlicher Transaktion, bei der die Transaktionspartner im Rahmen von Leistungsanbahnung, Leistungsvereinbarung oder Leistungserbringung elektronische Kommunikationsmittel einsetzen (Turowski und Pousttchi 2004, p.1). *Electronic Payment* als Teil des EC stellt für Schneider (2004, p. 20) ein elektronisches Zahlungsverfahren für die Zahlungsmedien Kreditkarte, Debitkarte usw. dar, welches den Handel über das Internet mit den Funktionen des zeitgleichen und gesicherten Bezahlens ermöglicht und vereinfacht.

Eine Konzentration, bzw. Spezialisierung der benutzten elektronischen Informations- und Kommunikationstechnologie auf mobile Netzwerke und mobile Endgeräte transformiert nun die Begriffs- und Themenwelt von „Electronic .." in „Mobile .." mit den Bereichen *Mobile Business*, *Mobile Commerce* und *Mobile Payment* (siehe auch Broeckelmann (2010, p. 12)). Hier nimmt der Umfang, bzw. der Claim der Betrachtungen ebenfalls von oben (alle Wertschöpfungsketten) nach unten (einzelne Geschäfts- bzw. Transaktion-Ebene) ab. Auf der untersten Betrachtungsebene beider Begriffswelten stehen die klassischen Zahlungsmedien wie Debit- und Kreditkarte des *Electronic Payment* den Zahlungsverfahren des *Mobile Payment*, hier der Mobile Wallet, gegenüber. Die folgende Grafik veranschaulicht diesen Zusammenhang:

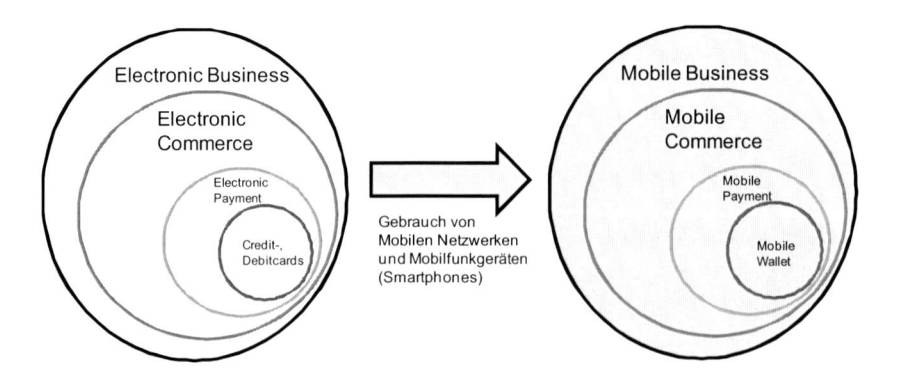

Abbildung 2: Abgrenzung der Mobile Wallet in der digitalen Ökonomie

Abgrenzung der Mobile Wallet zu anderen Bezahlverfahren des Mobile Payment

Die Mobile Wallet wird wie oben beschrieben zu *Mobile Payment* eingeordnet. Um die Mobile Wallet besser abgrenzen zu können, muss dieser Bereich zunächst nochmals genauer erklärt werden. Lerner (2012, p. 64) versteht unter *Mobile Payment* eine Zahlungstransaktion, welche über mobile Endgeräte ausgelöst und abgeschlossen wird. Mobile Endgeräte können ein Mobilteltelefon, Smartphone, Tablet-PC oder auch ein Notebook mit einem Funkstick sein. Er unterscheidet zwischen vier verschiedenen Segmenten des MP:

- Zahlung virtueller Güter (z. Bsp. Premium-SMS beim Telekommunikations-Billing);
- Electronic und Mobile Commerce (z. Bsp. Online Shopping über/mit Handy);
- Nahzahlungen oder Proximity Payments im stationären Handel (z. Bsp. Zahlungen an der Kasse per Near Field Communication - Technologie);
- Geldübertragungen zwischen Personen (z. Bsp. per Smartphone);

Laut Tacke (2011, pp. 618-619) erfolgt die Abwicklung der darauf folgenden Zahlungsverkehrstransaktion nicht über die Strukturen des Mobilfunkbetreibers. Mobile Payment stellt somit kein eigenständiges Zahlungsverfahren dar, sondern ist nur ein neuer Kanal für etablierte Zahlverfahren (Überweisung, Lastschrift, Kartenzahlungen). Schaut man auf die wichtigsten Phasen des *Mobile Payment*, der Initiierung (laut Lerner (2012, p. 64) die Auslösung) und der Akzeptierung (laut Lerner (2012, p. 64) der Abschluss), kann man bei den Bezahlungsmethoden mit dem mobilen Endgerät zwischen vier Varianten unterscheiden:

- Das mobile Endgerät wird für die Initiierung und der Akzeptierung genutzt;
- Das mobile Endgerät wird nur für die Akzeptierung genutzt;
- Das mobile Endgerät wird nur für die Initiierung genutzt;
- Das mobile Endgerät wird für beide Vorgänge nicht genutzt;

Die folgende Aufstellung benutzt diese Differenzierung und zeigt durch die Betrachtung verschiedener Anwendungsszenarien inkl. der von Lerner (2012, p. 64), wie sich die Mobile Wallet (rot markiert) genau abgrenzen und einsetzen lässt:

Mögliche Zahlungsmethoden von Mobile Payment	Typ	Medium/Mittel zur Initilierung	Anwendung	Akzeptierung	Technik zur Akzeptierung	Segmente
Szenarien in denen ein Mobilfunkgerät zur Initiierung und Akzeptierung genutzt wird:						
Zahlungen an der Kasse (im Supermarkt, Ladengeschäft usw.)	A	Mobilfunkgerät	Generell einsetzbare "Mobile Wallet" oder Smartphone-App	Mobilfunkgerät	NFC, QR code, SMS, TAN	Stationärer Handel (POS)
Zahlungen am Automaten, Schaufenster, Regalen and Werbeplakaten (Tickets, Süssigkeiten, Bekleidung usw.)	B	Mobilfunkgerät	Generell einsetzbare "Mobile Wallet" oder Smartphone-App	Mobilfunkgerät	NFC, QR code, SMS, TAN	Stationärer Handel (POS)
Geldübertragungen zwischen zwei Personen	C	Mobilfunkgerät	Generell einsetzbare "Mobile Wallet" oder Smartphone-App	Mobilfunkgerät	NFC, QR code, SMS, TAN	C2C
Zahlungen von virtuellen Gütern (Premium SMS, Klingeltöne)	D	Mobilfunkgerät	Smartphone-App vom Anbieter	Mobilfunkgerät	SMS	Mobile Commerce
Online-Shopping, wie am stationären PC	E	Mobilfunkgerät	Smartphone-App vom Anbieter	Mobilfunkgerät	HTTPS, Konto (Mail usw.)	Electronic Commerce
Bestellung von Ware (z.Bsp. Hamburger) über eine Smartphone-App und beim Empfang Bezahlung in Bar/EC-/Kreditkarte	F	Mobilfunkgerät	Smartphone-App vom Anbieter	Mobilfunkgerät	Persönliche Lieferung	Mobile Commerce
Szenarien in denen ein Mobilfunkgerät entweder zur Initiierung und oder zur Akzeptierung genutzt wird:						
Akzeptierung von Zahlungen im Online - Shopping via SMS, TAN, PIN (Distance Payment)	G	Stationäres System (PC usw.)	Generell einsetzbare "Mobile Wallet" oder Smartphone-App vom Anbieter	Mobilfunkgerät	QR code, SMS	Electronic Commerce
Kunde bezahlt die Handwerker- oder Restaurantrechnung direkt vor Ort mit einem Kartenleser am Mobilfunkgerät "Merchant-Enabled	H	EC- oder Kreditkarten	Smartphone-App vom Anbieter	Mobilfunkgerät	EMV Chip, Magnet-Streifen	Mobile Commerce
Szenarien in denen kein Mobilfunkgerät zur Initiierung und Akzeptierung genutzt wird:						
Handy-Spiel wurde Online erworben und anschließend aufs Handy übertragen	I	Stationäres System (PC usw.)	Smartphone-App vom Anbieter	Stationäres System (PC usw.)	HTTPS, Konto (z.Bsp. Mail)	Electronic Commerce
Zahlungen an der Kasse (im Supermarkt, Ladengeschäft usw.)	J	EC- oder Kreditkarten mit NFC Chips	Keine Anwendung	EC- oder Kreditkarten mit NFC Chips	NFC	Stationärer Handel (POS)
Zahlungen am Automaten (Tickets usw.)	K	EC- oder Kreditkarten mit NFC Chips	Keine Anwendung	EC- oder Kreditkarten mit NFC Chips	NFC	Stationärer Handel (POS)

Tabelle 1: Bezahlverfahren des Mobile Payment

Das nächste Schaubild verdeutlicht nochmals die Differenzierung:

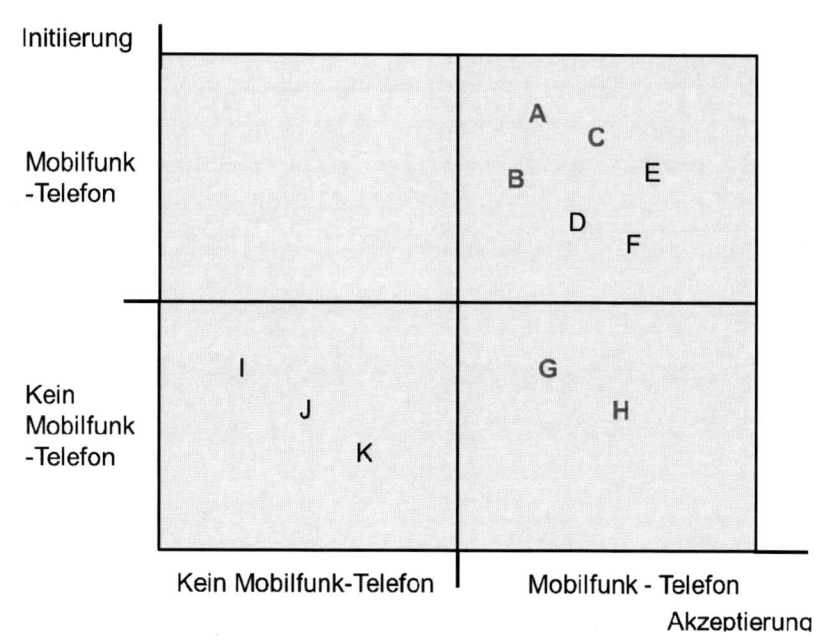

Abbildung 3: Differenzierung des Mobile Payments bei Initiierung / Akzeptierung

Die beschriebenen Anwendungsszenarien spiegeln eindeutig die obige Definition der Mobile Wallet wieder. Die Mobile Wallet ist in erster Linie als Alternative zur physischen Geldbörse zu sehen und kommt vorwiegend im stationären Handel, Gewerbe und zwischen Privatpersonen zum Einsatz (Verfahren vom Typ A,B,C,G). Bezahlverfahren bei denen nur eine spezielle Anbieter-Smartphone-App zum Einsatz kommt, sind klar getrennt von der generell einsetzbaren Mobile Wallet zu sehen und werden im Rahmen dieser Studie nicht betrachtet. Beispiele hierzu sind die Systeme von Starbucks (T3N 2012c) und McDonalds (Airtag 2012). Debit- und Kreditkarten, bei denen ein NFC-Chip zum Einsatz kommt (Methoden J und K) werden als Konkurrenzprodukte in die Betrachtung mit einbezogen (z.Bsp. GiroGo (Sparkasse 2012a)). In den folgenden zwei Tabellen werden nun aktuelle, konkrete Bezahlverfahren aufgelistet, welche die oben erwähnten Anwendungsszenarien umsetzen. Die erste Tabelle gibt pro Bezahlverfahren den Szenario-Typ, den Status, die involvierten Parteien und den Betriebsort / die Inbetriebnahme an:

Nr.	Anwendungs-Name	Szenario Typ	Status	Haupt-Anbieter und Mobilfunk-unternehmen	Beteiligte Banken und Kreditkarten-Firmen	Einführungs-Datum, Ort	Quelle
1	Mpass	A, C, G	in Betrieb	Telefonica Deutschland, O2, Vodafone, Telekom	WireCard	Deutschland (Q4 2012), Rest in Europa, kein Datum	Heise (2012a) Connect (2012) Mpass(2013) Apple (2012a) Google (2012a)
2	Google Wallet	A,B	in Betrieb	Google	Mastercard, Visa, American Express, Discover	USA (2011), Europa kein Datum	Google (2013) Spiegel (2012) Golem (2012)
3	MyWallet	A,B	in Betrieb	Telekom, T-Mobile, Verizon, AT&T	Mastercard Click @ Buy	Polen (Q4 2012) Deutschland (Q2 2013), Rest in Europa, kein Datum	Heise (2012b) Mobtivity (2012) T-Online (2013)
4	IsisWallet	A,B	Pilot	ISIS, T-Mobile, Verizon, AT&T	Mastercard, Visa, American Express, Discover	USA (Q4 2012), Europa kein Datum	Mpayment.de (2012a) ISIS (2013)
5	iWallet	A,B	Gerüchte	Apple		Kein Datum	Patentlyapple (2012) Macerkopf (2013)
6	O2 Wallet	A,B,C	in Betrieb	Telefonica Deutschland, O2	Dortmunder Volksbank, WGZ Bank, DG Verlag Mastercard	UK (Q2 2012), Deutschland (Q1 2013)	BankenOnline (2012) Guardian (2012)
7	Touch & Travel	B	in Betrieb	Deutsche Bahn, Telekom, Vodafone, O2		Deutschland (Q4 2011)	Teltarif (2011) Touch &Travel (2013)
8	Bump Pay	C	in Betrieb	Bump Technologies		Weltweit (Q1 2012)	TechCrunch (2012) Apple (2012b)
9	Zedge	D	in Betrieb	Zedge		Weltweit (2003)	Zedge (2013)
10	Amazon	E	in Betrieb	Amazon		Weltweit (Q2 1995)	Amazon (2013)
11	GoMCDo	A, F	in Betrieb	MC Donnalds		Frankreich (Q1 2012)	Airtag (2012)
12	Netto-App	A, F	in Betrieb	Netto-Markt	Postbank	Deutschland (Q2 2013)	CaschysBlog (2013)
13	Starbucks	A, F	in Betrieb	Starbucks		USA (Q1 2011), Deutschland (Q4 2012)	T3N(2012c) Reuters (2012)
14	PayPal QR-Shopping	A, F	in Betrieb	Paypal		Deutschland (Q2 2013)	PayPal (2013) PayPal (2012b)
15	SumUp	H	in Betrieb	SumUp		Deutschland, Österreich, UK, Irland (alle Q3 2012)	Mpayment.de (2012b) Sumup (2013)
16	Payleven	H	in Betrieb	Payleven		Deutschland, Brasilien, Italien, Niederlande, Polen, UK (alle Q3 2012)	Mpayment.de (2012b) Payleven(2013)
17	Streetpay	H	in Betrieb	Streetpay		Deutschland (Q2 2012)	Mpayment.de (2012b) Streetpay (2013)
18	iZettle	H	in Betrieb	iZettle		Schweden, Dänemark, Finnland, Norwegen, UK (alle 2011), Deutschland (Q4 2012)	Mpayment.de (2012b) T3N (2012a) iZettle (2013) Welt (2012b)
19	Square CardReader	H	in Betrieb	Square		USA (Q2 2010)	Mpayment.de (2012b) Square (2013)
20	Paypal Here	H	in Betrieb	PayPal		USA, Kanada, Hong Kong und Australien (alle Q2 2012)	T3N(2012b) PayPal (2012a)
21	Visa Paywave	J,K	Angekündigt	Vodafone	Visa	Deutschland, England, Niederlande, Spanien, Türkei (alle Q2, 20013)	DerHandel (2012a) DerHandel (2012b) Stift.Warentest (2013)
22	Mastercard Paypass	J,K	in Betrieb	E-Plus	TargoBank Mastercard	Deutschland (Q3 2012)	Teltarif (2012) Mastercard (2013)
23	GiroGo	J,K	in Betrieb	Deutsche Kreditwirtschaft	Sparkassen Raiffeisen-banken	Deutschland (Q2 2012)	Sparkasse (2012a) BS-Cardservice (2012a) BS-Cardservice (2012b)
24	Visa Paywave	J,K	in Betrieb	Postbank	Visa	Deutschland (Q3 2012)	Postbank (2012a) Postbank (2012b)

Tabelle 2: Aktuelle Mobile Payment - Verfahren (Teil 1), Status vom 01.06.13

Die zweite Tabelle gibt pro Bezahlverfahren die unterstützten Smartphone-Betriebssysteme und die Autorisierungstechniken an:

Nr.	Anwendungs-Name	Unterstüzte Smartphone Betriebssysteme	Autorisierungs-Elemente	Händler Auorisierungs-system	Quelle
1	Mpass	Apple IOS Android	NFC Chips (Smartphones, Sticks), SMS, TANs	Paypass Terminal	Heise (2012a) Connect (2012) Mpass(2013) Apple (2012a) Google (2012a)
2	Google Wallet	Android	NFC Chips (Amartphones), Online - Konto	Paypass Terminal Paywave Terminal	Google (2013) Spiegel (2012) Golem (2012) Chip (2012)
3	MyWallet	Apple IOS Android Windows Phone	NFC Chips (Smartphones, Sticks, Sim-Karte), EC-Karten, Kreditkarten auf Secure Elements, Kreditkarten (Mastercard) mit NFC Chips	Paypass Terminal	Heise (2012b) Mobtivity (2012) T-Online (2013)
4	IsisWallet	Android	SIM-Karten mit NFC Chips	Paypass Terminal Paywave Terminal	Mpayment.de (2012a) ISIS (2013)
5	iWallet	Apple IOS	NFC chips (smartphones), Online - Account		Patentlyapple (2012) Macerkopf (2013)
6	O2 Wallet	Apple IOS Android	Kreditkarten auf O2 SIM-Karte	Paypass Terminal	BankenOnline (2012) Guardian (2012)
7	Touch & Travel	Apple IOS Android Symbian	Smartphones mit NFC chips, QR Codes, GPS, LBS - Services	NFC Terminals (Deutsche Bahn)	Teltarif (2011) Touch &Travel (2013)
8	Bump Pay	Apple IOS Android	Smartphones mit NFC Chips, Paypal		TechCrunch (2012) Apple (2012b)
9	Zedge	all OS	Paypal Konten, Debit- und Kreditkarten	Paypal etc	Zedge (2013)
10	Amazon	all OS	Paypal Konten, Debit- und Kreditkarten	Paypal etc	Amazon (2013)
11	GoMCDo	Apple IOS Android Windows Phone	QR-Codes	QR -code Terminal	Airtag (2012)
12	Netto-App	Apple IOS Android Windows Phone	TAN	Kassen-System	CaschysBlog(2013)
13	Starbucks	Apple IOS Android	QR-Codes	QR -code Terminal	T3N(2012c) Reuters (2012)
14	PayPal QR-Shopping	Apple IOS Android	QR-Codes	QR -code Terminal	PayPal (2013) PayPal (2012b)
15	SumUp	Apple IOS Android	Debit- und Kreditkarten	Dongle: Chip Card Terminal (Reader)	Mpayment.de (2012b) Sumup (2013)
16	Payleven	Apple IOS Android	Debit- und Kreditkarten	Dongle: Swipe Card Terminal (Reader)	Mpayment.de (2012b) Payleven(2013)
17	Streetpay	Apple IOS Android	Debit- und Kreditkarten	Dongle: Swipe Card Terminal (Reader)	Mpayment.de (2012b) Streetpay (2013)
18	iZettle	Apple IOS Android	Debit- und Kreditkarten	Dongle: Chip Card Terminal (Reader)	Mpayment.de (2012b) T3N (2012a) iZettle (2013) Welt (2012b)
19	Square CardReader	Apple IOS Android	Debit- und Kreditkarten	Dongle: Swipe Card Terminal (Reader)	Mpayment.de (2012b) Square (2013)
20	Paypal Here	Apple IOS Android	Debit- und Kreditkarten, Foto, Unterschrift	Dongle: Swipe Card Terminal (Reader), camera	T3N(2012b) PayPal (2012a)
21	Visa Paywave	no OS	Visa Prepaid-Karten auf SIM-Karten, NFC Chips (smartphones)	Paywave Terminal	DerHandel (2012a) DerHandel (2012b) Stift.Warentest (2013)
22	Mastercard Paypass	no OS	NFC Chips auf Sticks, SMS	Paypass Terminal	Teltarif (2012) Mastercard (2013)
23	GiroGo	no OS	EC-Karten mit NFC chips	GiroGo Terminal	Sparkasse (2012a) BS-Kartenservice (2012a) BS-Kartenservice (2012b)
24	Visa Paywave	no OS	Kreditkarten (Gold, Platin) mit NFC Chips	Paywave Terminal	Postbank (2012a) Postbank (2012b)

Tabelle 3: Aktuelle Mobile Payment - Verfahren (Teil 2), Status vom 01.06.13

Die Lösungen 1 bis 6 sollten die Produktkriterien besitzen, welche hier in der Forschungsarbeit untersucht werden und den größten Einfluss auf die Zufriedenheit der deutschen Endanwender mit der Mobile Wallet haben.

2 Theoretischer und konzeptioneller Rahmen

2.1 *Das Kano – Modell zur Analyse der Kundenzufriedenheit*

Zur Beantwortung der Forschungsunterfrage U1 wurde in der wissenschaftlichen Literatur nach geeigneten Modellen gesucht. Dabei stellt sich das in der Praxis bewährte Kano-Modell als passend heraus. Der folgende Text beschreibt dieses im Detail und nennt Gründe für dessen Auswahl. Auf Einschränkungen wird ebenfalls eingegangen.

2.1.1 Beschreibung

Die Ermittlung der Produktkriterien bzw. Produktanforderungen, welche einen großen Einfluss auf die Kundenzufriedenheit haben, ist die zentrale Aufgabe dieser Forschungsarbeit. Laut Sauerwein (2000, p.1) führt ein hoher Erfüllungsgrad einzelner Produktanforderungen aber nicht automatisch zu hoher Zufriedenheit, sondern auch die Art der Anforderung an ein Produkt bestimmt die wahrgenommene Produktqualität und damit die Kundenzufriedenheit. Prof. Noriaki Kano von der Tokio Rita University hat hierzu das nach ihm benannte *Kano - Modell der Kundenzufried*enheit entwickelt (Kano 1968; Kano und Takahashi 1979; Kano et al. 1984, p. 6). Dabei werden die Produkteigenschaften in mehrere Kategorien unterteilt, welche bei Erfüllung / Nichterfüllung einen unterschiedlichen Einfluss auf die Kundenzufriedenheit ausüben. Laut Vorbach (2007, pp. 4-5) und Sauerwein (2000, pp. 28-29) unterscheidet er zwischen folgenden Anforderungs-Kategorien:

Basisattribute (Basic needs, must-be)
Diese Attribute sind Musskriterien für ein Produkt. Sie werden vom Kunden vorausgesetzt und als selbstverständlich betrachtet (Vorbach 2007, p. 4). Bei Nicht-Erfüllung entsteht eine extreme Unzufriedenheit und es kann zur Ablehnung des Produktes kommen (Sauerwein 2000, p. 28). Die Erfüllung einer Basisanforderung kann nur zum Zustand einer *Nicht-Unzufriedenheit* führen. Basisanforderungen sind auf jeden Fall wettbewerbsbestimmend. Bei der Mobile Wallet kann zum Beispiel die Möglichkeit einer direkten Deaktivierung bei Verlust eine entscheidende Basisanforderung sein, da sie beim Konkurrenzprodukt EC-/Kreditkarte gegeben ist.

Ist von Anfang diese Produkteigenschaft nicht gegeben, dann wir der Kunde die EC-/Kreditkarte bevorzugen.

Leistungsattribute (Expected needs, one-dimensional, satisfier)
Bei den Leistungsanforderungen steigt die Zufriedenheit proportional zum physischen Erfüllungsgrad (Sauerwein 2000, p. 28). Es besteht sozusagen eine eindimensionale Beziehung. Der Kunde erwartet in der Regel die Leistungsanforderungen und verlangt sie somit ausdrücklich. Ein bloßes Erfüllen führt nur zu einer moderaten Zufriedenheit und das Produkt wird als austauschbar wahrgenommen wird (Vorbach 2007, p. 4). Die Kunden sehen die Leistungsfaktoren meist als Benchmark zu anderen Produkten (Sauerwein 2000, p. 28). Man kann davon ausgehen, dass bei allen wettbewerbsfähigen Produkten die Leistungsattribute mehr oder weniger stark erfüllt sind. Ein Beispiel bei der Mobile Wallet kann die Anforderung an eine schnelle Bearbeitungszeit für das Initiieren und Abschließen einer Zahlungstransaktion sein. Sie wird mit den Handhabungszeiten von Bargeld und Kredit-/Debitkarten verglichen. Je schneller eine Transaktion abgeschlossen werden kann, umso kürzer sind die Wartezeiten an der Kasse und desto zufriedener wird der Kunde.

Begeisterungsattribute (Excitement needs, attractive, delightful requirements)
Dies sind jene Produkteigenschaften, die in der Lage sind, eine Begeisterung beim Kunden hervorzurufen (Vorbach 2007, p. 5). Es sind Merkmale, die der Kunde nicht erwartet und somit den Wert des Produktes enorm steigern. Sie haben den höchsten Einfluss auf die Zufriedenheit mit einem Produkt (Sauerwein 2000, p. 28) und sind für den Kauf eines neuen Produktes entscheidend (ebd., p. 91). Wenn sie nicht erfüllt werden, dann entsteht aber auch kein Gefühl der Unzufriedenheit. Diese Produktattribute können bei Kundenbefragungen ohne eine vorherige *Nutzungskontext-Analyse* (siehe Punkt 3) nur schwer erkannt werden, da sie latente, versteckte Probleme des Kunden lösen. Die Nutzbarkeit der Mobile Wallet mit leerem Akku könnte zum Beispiel so ein Begeisterungsattribut sein, da die meisten Akkus nur 1-2 Tage halten und dies für die Endanwender eine Einschränkung oder sogar ein Risiko bei der Benutzung darstellt.

Indifferente Attribute (Indifferents)
Bei einem solchen Attribute ist kein Einfluss auf die Kundenzufriedenheit zu erkennen (Sauerwein 2000, p. 29). Es ist dem Kunden egal, ob diese Anforderung erfüllt oder nicht erfüllt ist. Die Unterstützung von chinesischen Schriftzeichen bei der Mobile Wallet könnte dem deutschen Endanwender ziemlich egal sein.

Reverse Attribute (Reverse)
Der Kunde erwartet hier genau das Gegenteil der in dir funktionalen Frage formulierten Produkteigenschaft (Sauerwein 2000, p. 29). Die Nicht-Erfüllung führt zur Zufriedenheit. Wenn die möglichen Produktattribute vorher genau untersucht und geklärt worden sind, dann sollte die Häufigkeit von reversen Attributen eher niedrig sein. Die Nutzung der Mobile Wallet ohne eine Kennwort-Abfrage könnte ein reverses Attribut sein.

Das folgende Schaubild von Berger et al. (1993, p. 4) zeigt zusammenhängend das Kano- Modell zur Klassifizierung von Produkteigenschaften auf:

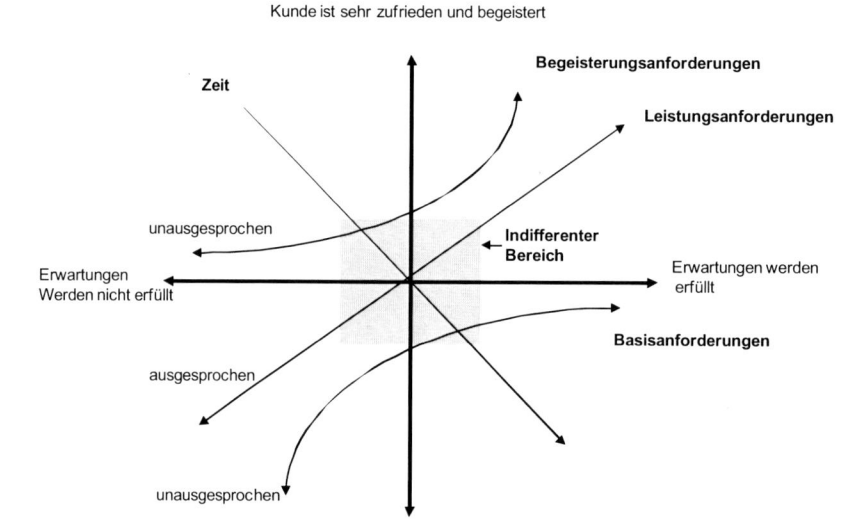

Abbildung 4: Das Kano - Modell für die Klassifizierung von Produktanforderungen
Quelle: Berger et al. (1993, p. 4)

2.1.2 Theoretische Fundierung

Basis – Modell der Kundenzufriedenheit
Das dominierende Konzept um das Zufriedenheitskonstrukt ist das Konfirmation/Diskonfirmation-Paradigma (Erevelles und Leavitt 1992, p. 104; Rudolph 1998, p. 26; Strauss 1999, p. 6; Bauer 2000, p. 23 ff.; McQuitty et al. 2000, p. 3; Bidmon 2004, p. 43, zit. In: Hölzing 2008, p. 23). Bei diesem Modell entsteht die Kundenzufriedenheit aus einem Vergleich des tatsächlich wahrgenommenen

Leistungsniveaus mit einem vom Kunden eigens gebildeten Vergleichsstandard (Homburg und Stock-Homburg 2006, p. 20, zit. In: Böhm 2012, p. 16). Eine Übereinstimmung der wahrgenommenen Leistung mit dem Vergleichsstandard führt zu Konfirmation, ein Unterscheidung zu Diskonfirmation (Hölzing 2008, p. 24). Homburg et. al (2005, p. 96) bezeichnen das Zufriedenheitsniveau bei exakter Übereistimmung auch als das Konfirmationsniveau der Zufriedenheit. Wenn die Ist-Leistung nun höher ist als erwartet (positive Diskonfirmation), dann entsteht Zufriedenheit (Kraft 1999, p. 517). Eine negative Diskonfirmation, das heißt die Ist-Leistung liegt unterhalb der Soll-Leistung, führt zu Unzufriedenheit (Magerhans 2000, p. 7). Für Böhm (2012, p.16) ergibt sich aus dem Konfirmation/Diskonfirmation-Paradigma ein eindimensionales Konstrukt der Kundenzufriedenheit. Auf das obige Kano-Modell übertragen sieht Hölzing (2008, p. 86) diese Kundenzufrieden als das Ergebnis eines Vergleich der Erwartungen eines Kunden mit der wahrgenommen subjektiven Qualität eines Leistungsattributes. Das folgende Abbild veranschaulicht nochmals das Konfirmation/Diskonfirmation-Paradigma (Homburg et al. 1999, p. 174):

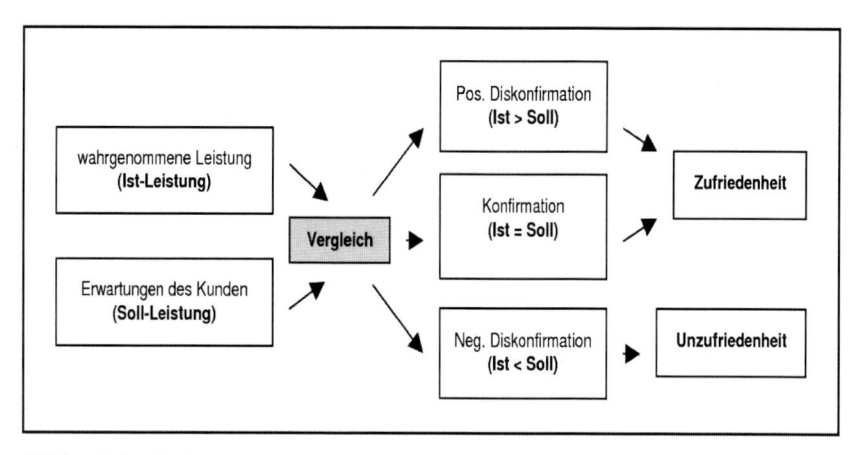

Abbildung 5: Das Konfirmation / Diskonfirmation-Paradigma
Quelle: Homburg et al. (1999, p. 174)

Mehr-Faktor-Struktur der Kundenzufriedenheit als Grundlage des Kano-Modells
Laut Sauerwein (2000, p.30) leitete Kano sein Modell direkt von Herzbergs Motivationstheorie ab. Herzberg untersuchte die Zufriedenheit und Unzufriedenheit von Mitarbeitern (Herzberg et al. 1959; Herzberg 1966, zit In: Sauerwein 2000, p.31). Er kam zu dem Ergebnis, dass dafür zwei Gruppen von Faktoren verantwortlich sind, nämlich *Motivatoren* und *Hygienefaktoren*. Die Motivatoren resultieren aus dem Arbeitsinhalt und sind zum Beispiel Leistung und Lob. Wenn sie eintreffen, dann

führen sie zur Arbeitszufriedenheit. Die Hygienefaktoren aber, wie Bezahlung und Administration des Unternehmens, sind aus dem Arbeitsumfeld. Sie bringen einerseits bei Abwesenheit eine Unzufriedenheit hervor und andererseits bei Anwesenheit aber keine Zufriedenheit. Sauerwein (2000, pp. 33-34) vergleicht die Motivatoren von Herzberg mit Begeisterungsattributen von Kano. Auch sieht er eine Vergleichbarkeit zwischen den Hygienefaktoren und den Basisattributen. Er stellt zu dem fest, dass beide Theorien die Unzufriedenheit nicht als das Gegenteil von Zufriedenheit sehen). Als Unterschied erkennt er, dass es bei Herzberg keine direkte Analogie zu den Leistungsattributen gibt. Weiterhin kann sich beim Kano-Modell die Zugehörigkeit der Attribute zu den jeweiligen Kategorien sich im Zeitablauf ändern (dynamischer Effekt). Auf die obigen Beispiele der Mobile Wallet bezogen, kann zum Beispiel das Begeisterungsattribut der Verfügbarkeitskontrolle aller Geld- und Kontobestände im Laufe der Zeit zum technologischen Standard werden und somit zu einer Basisanforderung ändern.

Kano geht wie Herzberg von einer mehrfaktoriellen Struktur des Konstruktes Zufriedenheit aus (Sauerwein 2000, p.2). Laut Marx (2007, p. 12) schloss er auf einen nichtlinearen Zusammenhang (asymmetrischer Effekt) zwischen der Erfüllung von Anforderungen und der Auswirkung auf die Zufriedenheit oder Unzufriedenheit. Im Gegensatz dazu verstehen viele Wissenschaftler unter Zufriedenheit ein bipolares Kontinuum mit den Endpolen Zufriedenheit und Unzufriedenheit:

Konventionelles Kontinuum

Unzufriedenheit ←——————— Neutral ———————→ Zufriedenheit

Zwei-Faktor-Kontinuum

Keine Zufriedenheit ←——————————————→ Zufriedenheit

Unzufriedenheit ←——————————————→ keine Unzufriedenheit

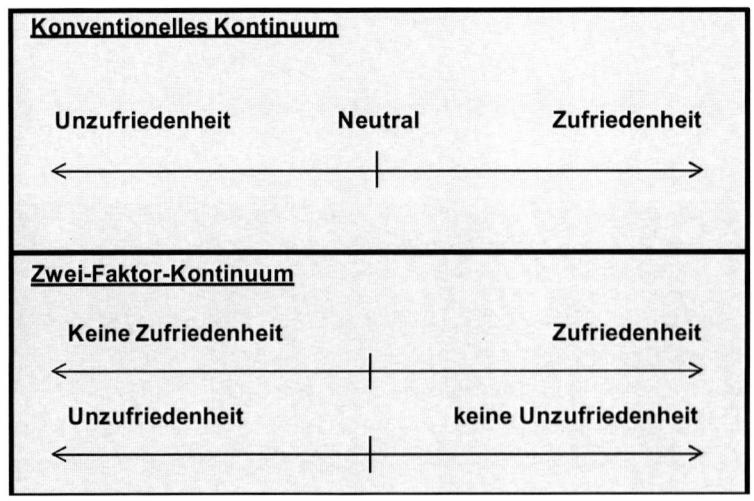

Abbildung 6: Zufriedenheit: Konventionelles / Zwei-Faktor - Kontinuum
Quelle: Leavitt (1977, p. 138)

Für Hinterhuber und Matzler (2009, pp. 321-324) ist die theoretische Fundierung einer Mehr-Faktor-Struktur bisher noch nicht eindeutig gelungen, aber es wurden in mehreren empirischen Arbeiten unterschiedliche Faktoren der Kundenzufriedenheit identifiziert. Sie sind der Meinung, dass sich die Überzeugung durchzusetzen scheint, dass dem Konstrukt der Kundenzufriedenheit die oben genannten drei Kategorien *Basisfaktoren, Leistungsfaktoren* und *Begeisterungsfaktoren* zu Grunde liegen. Für die Praxis stellt sich die Frage nach einfachen Methoden, mit denen man zuverlässig die Zuteilung der Merkmale in die Kategorien vornehmen kann.

2.1.3 Kano- Methode

Kano et al. entwickelten auf der Basis des oben beschriebenen Kano-Modells eine spezielle Methode, die *Kano-Methode*, zu Identifizierung von Zufriedenheitsfaktoren (Hölzing 2008, p. 111). Die Durchführung der Kano-Methode kann nach Bailom et al. (1996, p. 119 ff.) und Scharer (2000) in vier Schritten erfolgen:

- Identifikation von Kundenanforderungen;
- Die Konstruktion des Kano-Fragebogens;
- Die Durchführung der Kundeninterviews;
- Die Auswertung und Interpretation;

Bei der Identifikation von Kundenanforderungen sollten in Hinblick auf das Kano-Modell folgende Fragestellungen beachtet werden (Bailom et al. 1996, p. 119 ff.):

- Was assoziiert der Kunde mit der Verwendung von Produkt X ?
- Welche Probleme könnte der Kunde bei der Verwendung von Produkt X bekommen?
- Welche Kriterien sind dem Kunde beim Kauf des Produktes X wichtig ?
- Welche neuen Eigenschaften oder Serviceleistungen können die Erwartungen des Kunden noch besser erfüllen oder sogar Begeisterung bei ihm hervorrufen ?
- Was würde der Kunde gegebenenfalls am Produkt X ändern ?

Nach Zanger und Baier (1998, p. 418) ist generell darauf zu achten, dass man ein der Zielgruppe entsprechendes Abstraktionsniveau der Fragen gewährleistet und nur für die Entstehung von Kundenzufriedenheit relevante Eigenschaften berücksichtigt.

Die Konstruktion des Kano-Fragebogens soll mit einer speziellen Fragetechnik geschehen, welche die Klassifizierung der Produkteigenschaften in den oben definierten Attributklassen ermöglicht (Sauerwein 2000, p.39). Dabei werden für jedes Produktmerkmal zwei Fragen gestellt. Die erste Frage bezieht sich auf das Empfinden des Kunden, wenn das Produktmerkmal vorhanden ist (funktionale Form der Frage) und die zweite auf das Empfinden, wenn das gleiche Produktmerkmal nicht vorhanden ist (dysfunktionale Form der Frage). Die Kunden haben jeweils folgende fünf Antworten zur Verfügung (ebd., p.40):

- Das würde mich sehr freuen;
- Das setze ich voraus;
- Das ist mir egal;
- Das könnte ich eventuell in Kauf nehmen;
- Das würde mich sehr stören;

Aus der Kombination der beiden Antworten ergeben sich die Attributklassen laut folgender Auswertungstabelle:

Produktanforderung		Dysfunktionale Frage (negativ)				
		1. Würde mich sehr freuen	2. Setze ich voraus	3. Das ist mir egal	4. Könnte ich in Kauf nehmen	5. Würde mich sehr stören
Funktionale Frage (positiv)	1. Würde mich sehr freuen	Q	A	A	A	O
	2. Setze ich voraus	R	I	I	I	M
	3. Das ist mir egal	R	I	I	I	M
	4. Könnte ich in Kauf nehmen	R	I	I	I	M
	5. Würde mich sehr stören	R	R	R	R	Q
Die Produktanfoderung ist: A = Attractive (Begeisterungsanforderung) M= Must be (Basisanforderung) R= Reverse (Entgegengesetzt) O= One - dimensional (Leistungsanforderung) I= Indifferent (Indifferent) Q= Questionable (Fragwürdig)						

Abbildung 7: Kano - Auswertungstabelle
Quellen: Kano et al. (1984, p. 7) und Berger et al. (1993, p. 6)

Es handelt sich somit um eine indirekte Methode der Feststellung von Produktanforderungen (Sauerwein 2000, p. 2). Laut Bailom et al. (1996, p. 119 ff.) und Scharer (2000) können für die Durchführung von Kundeninterviews mehrere

Befragungsformen ausgewählt werden. Für die Kano-Befragungen sind besonders standardisierte, mündliche Interviews geeignet (ebd.). Die Auswertung der Ergebnisse kann dabei auf unterschiedliche Arten erfolgen (Sauerwein 2000, pp. 44 – 55):

- nach Häufigkeit und Bestimmung der Kategorie;
- Segmentspezifisch (z. Bsp. nach Alter und Geschlecht);
- nach Stärke innerhalb einer Kategorie (Category Strength, Total Strength);
- Wichtigkeit (Self-Stated-Importance);
- nach Un /- Zufriedenheit - Koeffizienten;

Alle diese Auswertungen werden in der unten folgenden Datenanalyse angewandt (siehe Punkt 5.4) und genauer erklärt.

2.1.4 Vergleich zu anderen Methoden

Es gibt in der Zufriedenheitsforschung eine große Vielfalt von Methoden und Verfahren zur Messung von Kundenzufriedenheit (Schwetje 1999, p. 68; Beutin 2006, p. 123, zit. In: Hölzing 2008, p. 61)). Dazu gehören zum Beispiel die *Critical-Incident-Technique*, die *Lob- und Beschwerdeanalyse*, die *Importance-Performance-Analysis*, die *Importance-Grid* und die *Penalty-Reward-Contrast-Analysis* (Hölzing 2008, p. 65-72). Ein Unterscheidungsmerkmal aller Verfahren ist der Zeitpunkt der Messungen. So kann dieser zum Beispiel bei einer Produkt-Neuentwicklung vor der Nutzung durch den Kunden (*ex ante*) oder nach einem konkreten Konsumerlebnis (*ex post*) liegen (ebd., p. 64). Das Kano – Methode unterstützt im Gegensatz zu den oben erwähnten Verfahren auch die „*ex ante*"-Variante (ebd., p. 146). Die folgende Tabelle zeigt einen Vergleich der Attributkategorisierung:

Bewertungskriterium:	CIT	LBA	IPA	IG	PRCA	Kano
Ex ante Kategorisierung der Attribute möglich	-	-	-	-	-	+
Einfachheit der Datenerhebung (erlaubt Berücksichtigung einer grossen Attributszahl)	-	-	+	+	+	-/+
Regeln für Attributskategorisierung sind theoretisch begründet abgeleitet	-	-	+	+	+	+
Unabhängigkeit der Attributkategorisierung von Gesamtanzahl der Attribute (absolute Kategorisierung)	+	+	-	-	+	+
Unabhängigkeit der Attributkategorisierung von Stichprobengröße (feste Regeln)	+	+	-	-	-	+
Attributskategorisierung und Auswertung auf Individualniveau	+	+	-	-	-	+
Reliabilität und Validität zufriedenstellend	-	-	-	-	-	+
+ = trifft vollständig zu, - = triff nicht zu, -/+ = indifferent						

Tabelle 4: Vergleich der Methoden zur Attributkategorisierung
Quellen: Bartikowski und Llosa (2004 , p.79), Hölzing (2008, p. 146)

Weitere Anwendungsmöglichkeiten der Kano-Methode

Die Kano-Methode wird auch oft mit anderen Qualitäts-Verbesserungs-Ansätzen kombiniert. So kann sie in der Define-Phase von Six Sigma - Projekten als Analyse-Tool neben dem VOC (Voice of Customer, siehe Toutenburg und Knöfel (2009, p. 45 ff.)) und dem CTQ (Critical to Qualtity, siehe Managementmethoden.info (2012)) genutzt werden (Gundlach und Jochem 2008, p. 28). Matzler und Hinterhuber(1998) banden sie in die Planungsmatrix des QFD (Quality Function Deployment, siehe Schöler (2005)) ein.

2.1.5 Gründe für die Auswahl

Sauerwein (2000, p. 3) sieht mit dem Kano-Modell die Möglichkeit, die jenen Produktkriterien zu identifizieren, welche den größten Einfluss auf die Kundenzufriedenheit haben. Zudem ist es ein Werkzeug, dass eine „ex ante" – Messung unterstützt und eine bessere Abbildung von asymmetrischen Effekten zwischen der Attributzufriedenheit und der Gesamtzufriedenheit aufzeigt. (Hölzing 2008, pp. 146-147). Damit ist das Instrument zur Beantwortung der Forschungsfrage quasi prädestiniert. Weiterhin bietet die Kano-Analyse für 4Managers (2012) den Vorteil des sehr guten Verständnisses der Kundenanforderungen durch die Unterscheidung in Basis-, Leistungs- und Begeisterungsanforderungen. Außerdem stellt es lohnende Weiterentwicklungen, ausreichende Produkt-Stände und Wettbewerbsvorteile dar. Für Bläsing (2012, p. 1) ist das Geheimnis der Kano-Modells, dass es schafft die *Stimme des Kunden* (VOC) in kritische Qualitätsmerkmale (CTQ) zu übersetzen.

2.1.6 Einschränkungen

Nach 4Managers (2012) birgt die Kano-Methode aber auch das Risiko bzw. den Nachteil, dass bei Befragungen je nach Auswahl der Kunden und deren Auskunftsbereitschaft unterschiedliche Ergebnisse erzielt werden können. Auch Knop (2009, p. 63) gibt an, das die Einschätzung der Faktoren subjektiv und kundenspezifisch sind. So stuft wahrscheinlich ein Benutzer, der schon im Besitz mehrerer Kunden- und Bonuskarten ist (z. Bsp. Payback), eine automatische Berücksichtigung dieser Karten während des Bezahlvorgangs als Begeisterungsattribut der Mobile Wallet ein. Eine andere Person allerdings, welche keine Kunden- und Bonuskarten besitzt, wird dieses Produktkriterium wahrscheinlich als bedeutungslos (Indifferent Attribut) empfinden. Des Weiteren sieht 4Managers (2012) die Rolle der Zeit als negativ an (dynamischer Effekt, siehe Hölzing (2008, p. 58). Denn was den

Kunden noch heute begeistert, kann morgen schon vielleicht als selbstverständlich betrachtet werden.

2.2 Technologie Akzeptanz Modell für Mobile Services

Zur Klärung der Forschungsunterfrage U2 wurde in der Wissenschaft nach Konzepten gesucht. Das TAMM zeigt hier einen geeigneten Ansatz auf. Die nachstehenden Ausführungen gehen auf die Kernaussagen des Modells ein. Zudem werden Gründe für die Auswahl, aber auch Einschränkungen dargestellt.

2.2.1 Beschreibung

Es gibt eine Vielzahl von Modellen und Ansätzen der Adoptions- und Akzeptanzforschung, die beschreiben bzw. versuchen zu erklären, wie es zur Akzeptanz von technischen Innovationen, wie hier der „Mobile Wallet", bei den Konsumenten kommen kann. Das originale *Technologie Akzeptanz Modell* (TAM) von Davis (1989) war nicht für die Anwendung mobiler Datendienste gedacht (Högg 2010, p. 46). Deswegen entwickelte Kaasinen (2005) folgendes *Technologie Akzeptanz Modell für Mobile Services* (TAMM):

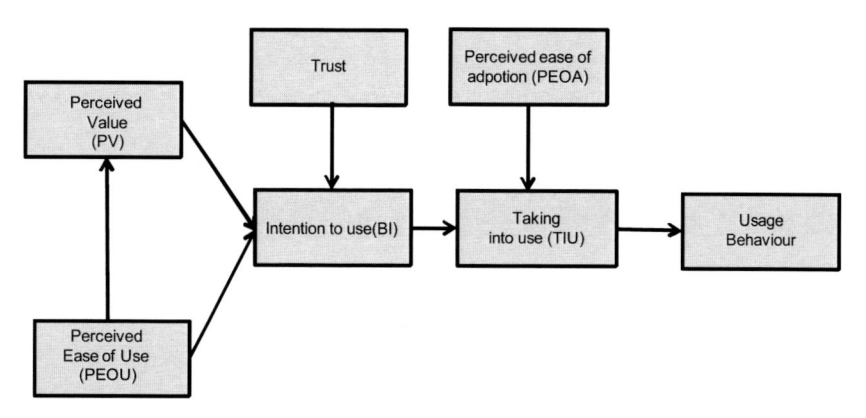

Abbildung 8: Technologie Akzeptanz Modell für Mobile Services
Quelle: Kaasinen (2005)

Wie oben zu erkennen, geht das Modell geht davon, dass drei Hauptfaktoren, die *Perceived Value* (PV, wahrgenommener Mehrwert), die *Perceived Ease of Use* (PEOU, wahrgenommene Bedienbarkeit) und *Trust* (Vertrauen) einen erheblichen Einfluss haben, ob die Technologie letztendlich genutzt wird (BI). Die *Adoptionshürde* (PEOA) wirkt dabei nicht direkt auf die *Nutzungsabsicht* (BI), sondern beeinflusst erst später die nachgelagerte *tatsächliche Nutzung* (TIU). Für Schmaltz (2009, p. 45) zeigt das Adjektiv *wahrgenommene* an, das es sich hierbei um mentale Konstrukte handelt, welche die subjektiv unterschiedlichen Einstellungen von Individuen berücksichtigen.

2.2.2 Gründe für Auswahl

Högg (2010, p. 47) stellt fest, dass das TAMM eine Unterstützung zur Entwicklung eines neues System bietet. Es hilft den Designern mobiler Services Schlüsselfaktoren zu identifizieren, die die Nutzerakzeptanz begünstigen. Des Weiteren gibt das Modell dieser Forschungsarbeit einen Hinweis aus welchen Bereichen (PV, PEOU oder Trust) die wichtigsten Produktkriterien stammen können.

2.2.3 Einschränkungen

Das Modell ist für Högg (2010, p. 47) nur begrenzt aussagefähig, da zum Beispiel soziale Einflüsse und die Charakteristika von Benutzern nicht berücksichtigt werden. Ebensozeigt es eine einfache, nicht weiter differenziertere Beziehung der Nutzungsabsicht (BI) von der *Perceived Value* (PV), der *Perceived Ease of Use* (PEOU) und dem *Vertrauen*. Die Frage, welche dieser 3 Faktoren den größten Einfluss auf eine positive Nutzungsabsicht hat, bleibt da unbeantwortet. Wird z. Bsp. ein Benutzer bei einem großen Mehrwert über eine schlechte Bedienbarkeit hinweg sehen können? Ist das Vertrauen bzw. die Sicherheit eine Basisanforderung, welche bei Nichtgegebenheit oder Minderumsetzung eine positive Nutzungsabsicht direkt ausschließt. Die Klärung dieser Fragen leistet jedoch auch Hilfestellung zu Beantwortung der Forschungsfrage. In Kombination mit dem oben beschriebenen Kano – Modell ist dies möglich.

2.3 Grundlagen von Usability und User Experience

Dieses Kapitel gibt Antworten auf die Forschungsunterfrage U3. Es erklärt allgemeine Anforderungen, welche die Mobile Wallet hinsichtlich der Gebrauchstauglichkeit und dem Nutzungserlebnis erfüllen muss. Auch wird auf die Methoden zur Umsetzung dieser Anforderungen eingegangen.

2.3.1 Usability

Die Begriff *Usability* wird in der wissenschaftlichen Literatur vielfach definiert. Die meist etablierten Definitionen sind (Be)-Nutzungsfreundlichkeit oder Gebrauchstauglichkeit (Eberhard-Yom 2010, p. 5).

Die ISO (DIN EN ISO 9241-11 1999, p. 4) bezeichnet sie als das Ausmaß, in dem ein Produkt durch bestimmte Benutzer in einem bestimmten Nutzungskontext genutzt werden kann, um bestimmte Ziele effektiv, effizient und mit Zufriedenheit zu erreichen. Dabei sollen laut Karrer und Gauss (2005, p. 213) Effektivitätsmaße „den Grad der Genauigkeit und Vollständigkeit, mit der der Nutzer Ziele erreicht" erfassen (DIN EN ISO 9241-11, 1999, p.6) und Effizienzmaße den erreichten Grad der Effektivität ins Verhältnis zum Aufwand an Ressourcen (ebd., p.7) setzen. Die Zufriedenheitsmaße werden anhand der Benutzereinstellungen zur Nutzung des Produktes und dem Vorhandensein keinerlei Beeinträchtigungen (ebd., p.7) gemessen.

Für Sarodnick und Brau (2011, p.19) beschreibt sie die Qualität eines technischen Systems und ist ein Ziel der Gestaltung nach den Erkenntnissen der Ergonomie. Geis (2010a) meint, dass die Usability die tatsächliche Nutzungssituation eines Produktes betrachtet. Einer der Gallionsfiguren der Usability – Bewegung, Herr Jakob Nielsen (1993, p. 26), hat 5 Qualtitätskriterien für *Usability* definiert:

- Fehlerrate;
- Erinnerbarkeit;
- Effizienz;
- Lernbarkeit;
- subjektive Zufriedenheit;

Es ist leicht verständlich, dass diese Qualitätskriterien zugleich auch Produktkriterien darstellen, welche einen Einfluss auf die Zufriedenheit und Akzeptanz der deutschen Endanwender mit der Mobile Wallet haben. Nach Richter und Flückiger (2010, p. 1-2) erreicht man eine gute Usability nur, wenn man ein konsequentes *Usability – Engineering* anwendet. Usability-Engineering befasst sich im Wesentlichen damit, wie die Benutzersicht systematisch in die Entwicklung einbezogen werden kann. Sie fassen die Tätigkeiten einer benutzerorientierten Software- oder Produktentwicklung vereinfacht in fünf Aufgabenbereiche zusammenfassen (ebd., p. 14):

- Analyse: Benutzer und Kontext verstehen;
- Modellieren: Entwurf und Optimierung einer passenden Lösung;
- Spezifikation: Die neue Lösung für die Entwicklung festhalten;
- Realisierung: Unterstützung bei der Implementierung der Lösung;
- Evaluation: Resultate mit Benutzern überprüfen;

Die ISO hat hierzu auch ein Prozessmodell für die *benutzerorientierte Gestaltung interaktiver Systeme* in der neuen Norm (DIN EN ISO 9241-210, 2010) dargestellt:

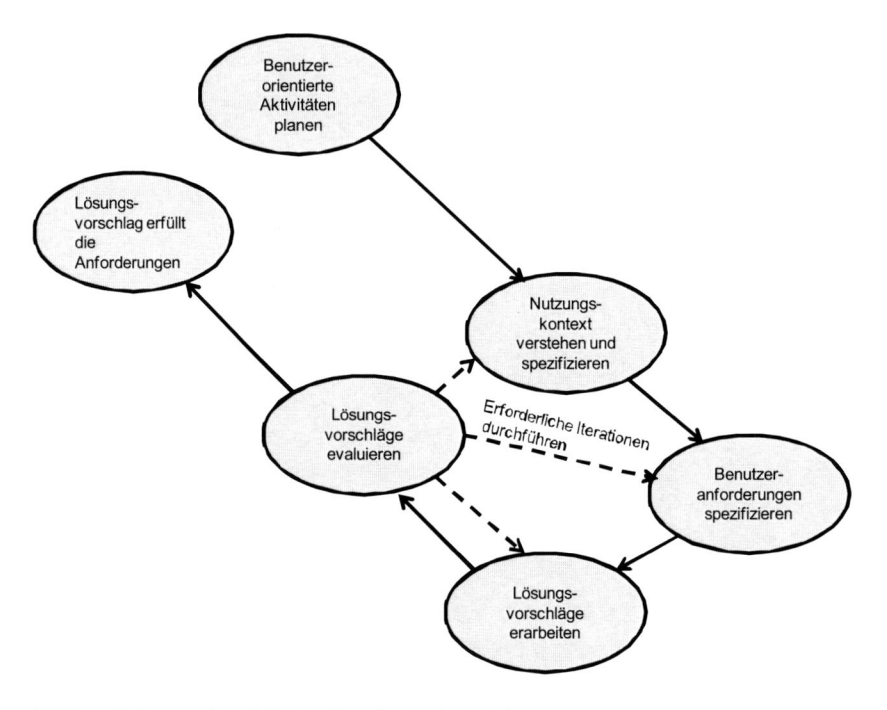

Abbildung 9: Prozess - Modell für das „User-Centered Design"
Quellen: DIN EN ISO 9241-210, Richter und Flückiger (2010, p. 12)

Die Forschungsgruppe wi-mobile (2009) sieht auch, dass durch die frühzeitige Einbindung der Nutzer in den Entwicklungsprozess und die damit verbundenen detaillierten Angaben, die Qualität eines Systems wesentlich erhöht wird.

2.3.2 User Experience

Die ISO (DIN EN ISO 9241-210, 2010) versteht unter *User Experience* (UX) alle Wahrnehmungen und Reaktionen einer Person, die aus der tatsächlichen und/oder der erwarteten Benutzung eines Produkts, eines Systems oder einer Dienstleistung resultieren. Laut Geis (2010b) wurde der Begriff *User Experience* in Ergänzung zu *Usability* mit aufgenommen und umfasst sämtliche Emotionen, Vorstellungen, Vorlieben, Wahrnehmungen, physiologischen und psychologischen Reaktionen, Verhaltensweisen und Leistungen, die sich vor, während und nach der Nutzung ergeben. *Usability* fokussiert sich wiederum nur auf die eigentliche Nutzungssituation

(Effektivität und Effizienz). Das folgende Schaubild von Geis (2010a) gibt den Zusammenhang nochmals wieder:

Vor der Nutzung	Während der Nutzung	Nach der Nutzung
Vorstellung über die Nutzung des Produkts, ohne es tatsächlich genutzt zu haben, "anticipated use"	Effektive und effiziente Aufgabenerledigung Keine Beeinträchtigung	Verarbeitung der erlebten Benutzung Emotionale Bindung zum Produkt (oder Distanzbildung zum Produkt)

Usability
(ISO 9241-11)

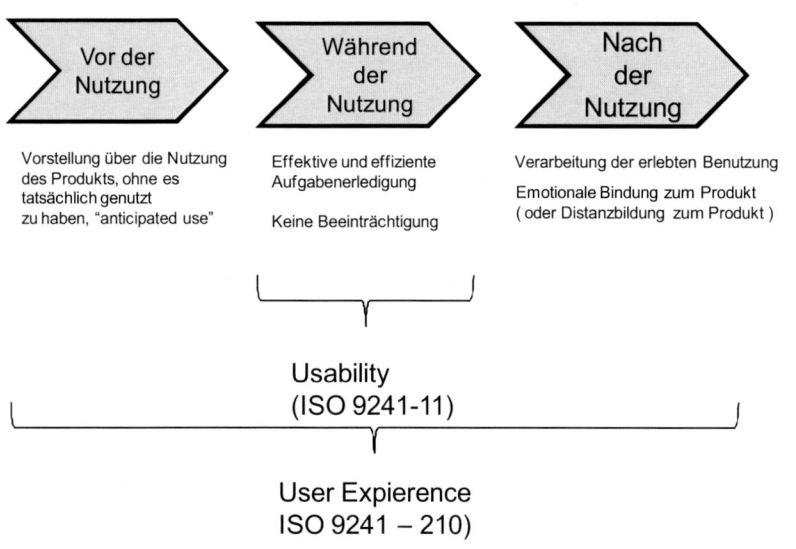

User Expierence
ISO 9241 – 210)

Abbildung 10: Unterschied zwischen Usability und User Experience
Quelle: Geis (2010a)

Bezogen auf die Forschungsfrage stellt eine positive UX die Zufriedenheit der Endanwender mit der Mobile Wallet wieder. Laut Sarodnick und Brau (2011, p.22) ist eine gute Usability als Produktqualität ein wichtiger, aber eben nur einer der Faktoren, welche die UX beeinflusst. Eberhard-Yom (2010, pp. 6-8) beschreibt noch einen größeren Umfang der UX. Für sie repräsentiert die Usability nur eine von vier Bedürfnisqualitäten der Nutzer. Die anderen drei sind die *Accessibility* (Barrierefreier Zugang), die *Utility* (Mehrwert, Nutzwert) und der *Joy of Use* (Nutzerspaß). Sie definiert als Ziel der *Accessibility* Informationen oder Technik für jeden Benutzer zugänglich zu machen, unabhängig von technischen und/oder körperlichen Einschränkungen. Die *Utility* bezieht sie darauf, inwieweit eine Anwendung sämtliche Funktionalitäten und Inhalte bereitstellt, die zur Erreichung der Nutzungsziele erforderlich sind. Den *Joy of Use* definiert sie als eine Erweiterung des traditionellen Usability-Verständnisses, welcher seinen Fokus auf die wahrgenommene Ästhetik und die erzeugten Emotionen während der Nutzung legt. Insgesamt stellt sie die UX als Bedürfnispyramide des Nutzers dar:

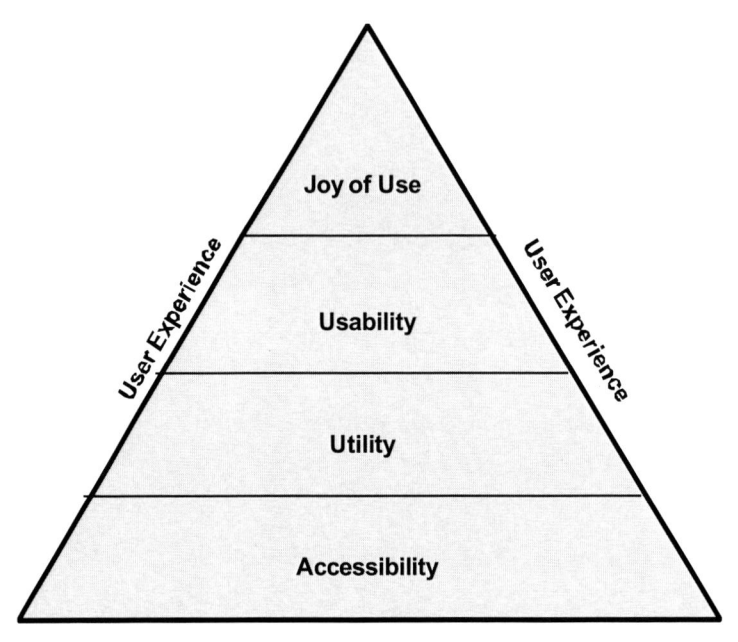

Abbildung 11: User Experience als Bedürfnispyramide des Nutzers
Quelle: Eberhard-Yom (2010, p. 8)

Zusammenfassung

Die Mobile Wallet ist ein technisches System, an welchem die Grundlagen und Methoden der Usability- und UX - Forschung Anwendung finden können. Bei der Komplexität und Szenarien-Vielfalt einer Mobile Wallet - Lösung ist es essentiell, dass man bei der Entwicklung das Vorgehen und die Prinzipien des *Usabiliy-Engineering* anwendet. An erster Stelle stehen hier das Verstehen der Benutzer und das Spezifizieren des Benutzer-Kontextes. Erst danach können die genauen Anforderungen an die Mobile Wallet definiert werden. Lösungen, die nur aus der Entwickler- und Anbietersicht konzipiert werden, sind zum Scheitern verurteilt. All diese Kriterien müssen die schon zu Zeit angebotenen Verfahren, sehen Sie Kapitel 1.5, erfüllen. Die *Usability* ist aber nur ein Faktor neben anderen wichtigen Produktkriterien, welche die Kundenzufriedenheit als positive UX beeinflussen. Die gesamte UX berücksichtigt sämtliche Emotionen, Vorstellungen, Vorlieben, Wahrnehmungen, physiologischen und psychologischen Reaktionen, Verhaltensweisen und Leistungen, die sich vor, während und nach der Nutzung ergeben. Somit umfasst die UX auch die *Accessibility* (Barrierefreier Zugang), die *Utility* (Mehrwert, Nutzwert) und den *Joy of Use* (Nutzerspaß). Da das Umgehen bzw. Verwalten von Geld von Natur aus eine höchst emotionale Sache ist, werden z. Bsp. das

Nichteinhalten von Erwartungen an der Sicherheit der Mobile Wallet direkt zur einer Abkehr vom Produkt führen.

3 Nutzungskontext und Produktanforderungen

Wie schon oben beim Usability-Engineering beschrieben, ist bei der Entwicklung einer Mobile Wallet" - Lösung die Analyse des Nutzungskontext und die daraus abzuleitenden Produktanforderungen ein sehr wichtiger Schritt. Dieser Sachverhalt wird auch in der Forschungsunterfrage U4 zum Ausdruck gebracht. Basierend auf den Angaben von Maguire (2001, pp. 459 - 460) und der ISO ((DIN EN ISO 9241-11 1999) werden im folgenden Text die nachstehenden Kontext-Faktoren berücksichtigt:

- Stakeholder;
- Benutzer und deren Einstellungen;
- Aufgaben;
- Besondere technische Anforderungen an das Smartphone;
- Anforderungen aus der physischen und sozialen Umgebung;
- Vorhandene Akzeptanzstellen;
- Konkurrenz-Produkte;

Abzuleitende Produktanforderungen werden jeweils mit Kennziffern der Form **„PAXX"** markiert.

3.1.1 Stakeholder

Das Smart Card Alliance Contactless Payments Council (2007, pp. 32 - 33) hat folgende wichtige „Stakeholder" für Mobile Payment bzw. der Mobile Wallet herausgearbeitet:

Consumers:
Konsumenten, die die Mobile Payment / Mobile Wallet – Lösung nutzen.

Issuers:
Organisation bzw. Unternehmen, die die Möglichkeit des Mobile Payment herausgeben bzw. anbieten und die einfache Verwaltung von „Proximity Mobile Payments" unterstützen (z. Bsp. Mastercard).

Merchants:
Händler, die das kontaktlose Zahlen akzeptieren (z. Bsp. REWE Gruppe Deutschland).

Acquirers:
Organisationen bzw. Unternehmen, die die Händler-Akzeptanz von kontaktlosen Zahlen bewirken bzw. unterstützen (z. Bsp. Mastercard).

Mobile Operators:
Organisationen bzw. Unternehmen, die eine Versorgung von Mobiltelefonen mit NFC-Technologie gewährleisten und die die Zahlungsdienste in ihren Netzwerken unterstützen (z. Bsp. Vodafone).

Payment Networks:
Organisationen bzw. Unternehmen, die Standards setzen und eine Akzeptanz bei allen Beteiligten im Netzwerk bewirken.

Chip and handset Manufacturers:
Smartphone-Hersteller, die Mobile Payment- Applikationen unterstützen (z. Bsp. Samsung).

SIM/Payment Software Developers:
Hersteller von Mobile Payment – Software;

Trusted Service Manager:
Organisationen bzw. Unternehmen, die die Mobile Payment Applikationen in den Speicher des Smartphone verteilen können (over the air, OTA).

Issuing and Acquiring Payment Processors:
Organisationen bzw. Unternehmen, die Schnittstellen-Funktion haben und die Zahlungsabwicklung steuern.

Proprietary Payment Application Providers:
Organisationen bzw. Unternehmen, die spezielle Dienste für die Mobile Payment Applikationen oder die Konkurrenzprodukte anbieten.

Specialty Application Provider:
Organisationen bzw. Unternehmen, die eine zusätzliche Funktion zu "Proximity Mobile Payments" anbieten (z. Bsp. PayPal, Person-zu-Person Zahlungen).

Die nachstehende Grafik zeigt die Stakeholder / Funktionsmatrix und deren Schnittstellen nochmals im Detail auf:

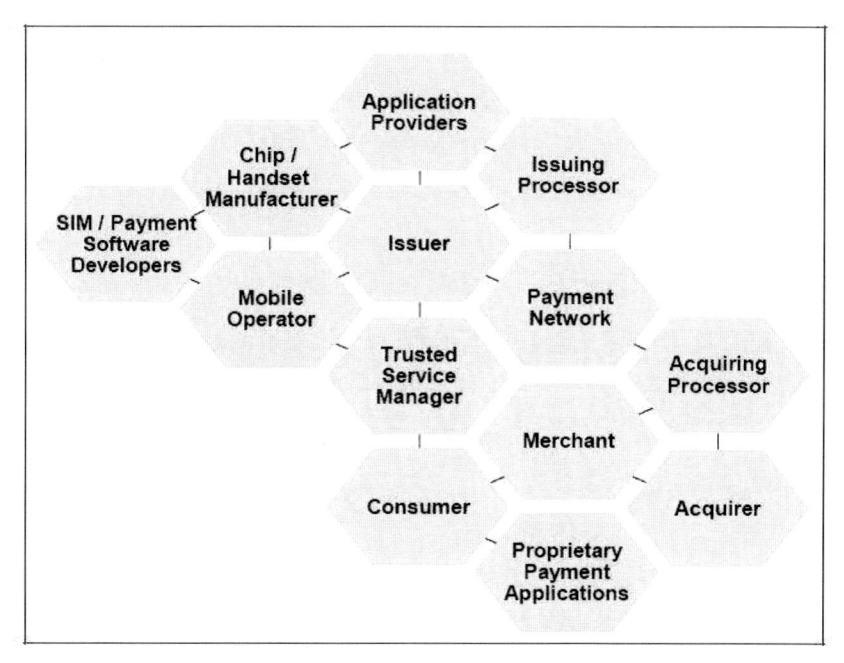

Abbildung 12: Rollen und Stakeholders im Bereich des Mobile Payment
Quelle: Smart Card Alliance Contactless Payments Council (2007, p. 8)

Bei dieser Komplexität wird schnell deutlich, dass die Sicherheit des gesamten Abwicklungsvorgangs inkl. der beteiligten Unternehmen von einer unabhängigen Gesellschaft zertifiziert und abgenommen werden sollte **(PA01)**. Für das Zusammenspiel an den verschiedenen Schnittstellen ist ein allgemein gültiger Standard dringend notwendig **(PA02)**.

3.1.2 Benutzer und deren Einstellungen

Der Forschungsfrage ist zu entnehmen, dass als Benutzer nur die deutschen Endanwender betrachtet werden. Laut Maguire (2001, p. 459) ist es wichtig folgende Informationen über diese abzufragen:

- Sozio-Demographische Eigenschaften wie Alter, Geschlecht, Ausbildung;
- Körperliche und kognitive Fähigkeiten und Grenzen;
- Einstellungen und Motivation zur Mobile Wallet;
- Wissen und Erfahrung zu Einsatzmöglichkeiten der Mobile Wallet;

Sozio-Demographische Eigenschaften

Laut einer Studie der Arbeitsgemeinschaft Online Forschung (AGOF 2012, p. 5) gab es 2012 ca. 19,18 Millionen Erwachsene ab 14 Jahren, welche über ein Smartphone mobil das Internet nutzten. Das entsprach ca. 27,3 % der deutschsprachigen Wohnbevölkerung:

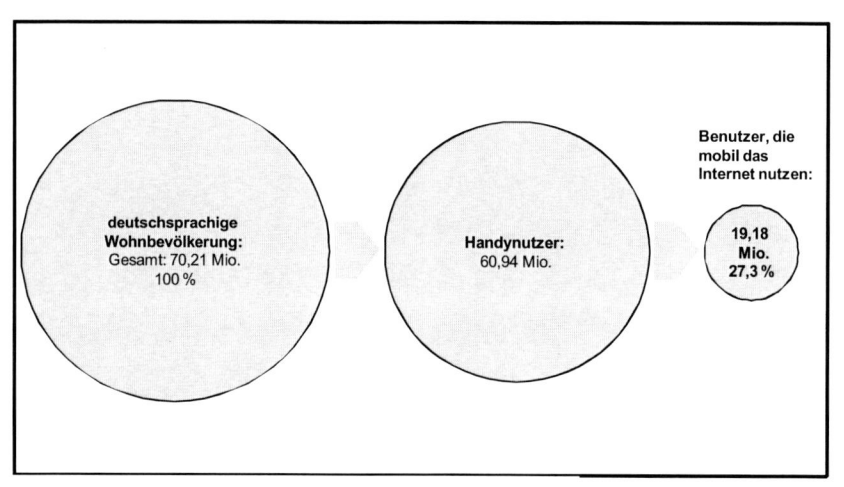

Abbildung 13: Anzahl der mobilen Internet Benutzer in Deutschland
Quelle: AGOF (2012, p. 5)

Dieser Benutzerkreis bestand zu 58,9 % aus Männern und zu 41,1 % aus Frauen (ebd., p. 6). Die „20 bis 29-Jährigen" waren in dieser Gruppe mit 27,6 % die stärkste Altersgruppe:

Geschlecht (in %)

	Mobile Internet-Benutzer	Gesamtbevölkerung
Männlich	58,9	48,9
Weiblich	41,1	51,1

Altersklassen (in %)

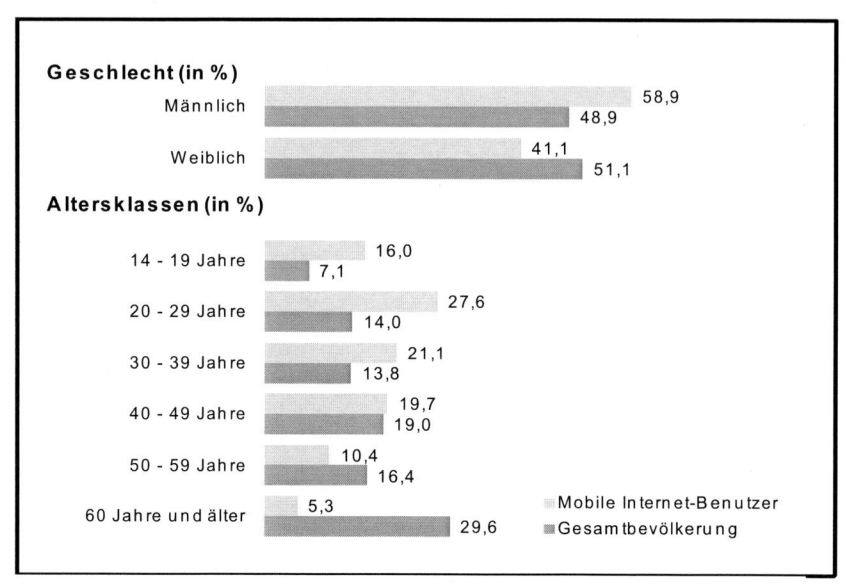

	Mobile Internet-Benutzer	Gesamtbevölkerung
14 - 19 Jahre	16,0	7,1
20 - 29 Jahre	27,6	14,0
30 - 39 Jahre	21,1	13,8
40 - 49 Jahre	19,7	19,0
50 - 59 Jahre	10,4	16,4
60 Jahre und älter	5,3	29,6

Abbildung 14: Geschlecht/Altersklassen der mobilen Internet-Benutzer
Quelle: AGOF (2012, pp. 6-7)

Des Weiteren besaßen 38,9 % dieser Personen eine Hochschulreife und damit ein überdurchschnittliches hohes Bildungsniveau:

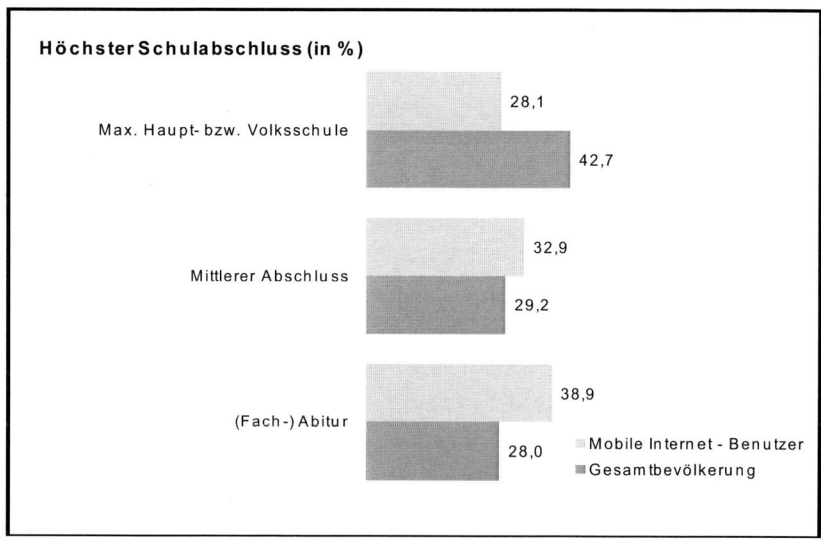

Höchster Schulabschluss (in %)

	Mobile Internet-Benutzer	Gesamtbevölkerung
Max. Haupt- bzw. Volksschule	28,1	42,7
Mittlerer Abschluss	32,9	29,2
(Fach-) Abitur	38,9	28,0

Abbildung 15: Bildungsabschlüsse der mobilen Internet-Benutzer
Quelle: AGOF (2010, p.8)

65 % der mobilen Internet-Benutzer waren berufstätig:

Beschäftigungsverhältnis (in %)

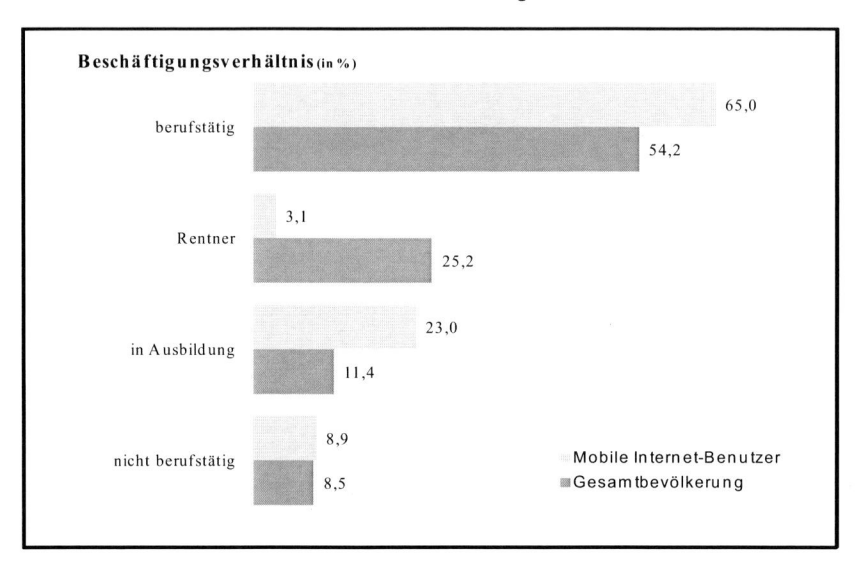

- berufstätig: 65,0 / 54,2
- Rentner: 3,1 / 25,2
- in Ausbildung: 23,0 / 11,4
- nicht berufstätig: 8,9 / 8,5

Mobile Internet-Benutzer
Gesamtbevölkerung

Abbildung 16: Beschäftigungsverhältnis der mobilen Internet-Benutzer
Quelle: AGOF (2012, p. 9)

Der größte Teil hiervon (28,5 %) verdiente zwischen 2000 – 3000 Euro netto:

Haushaltsnettoeinkommen (in %)

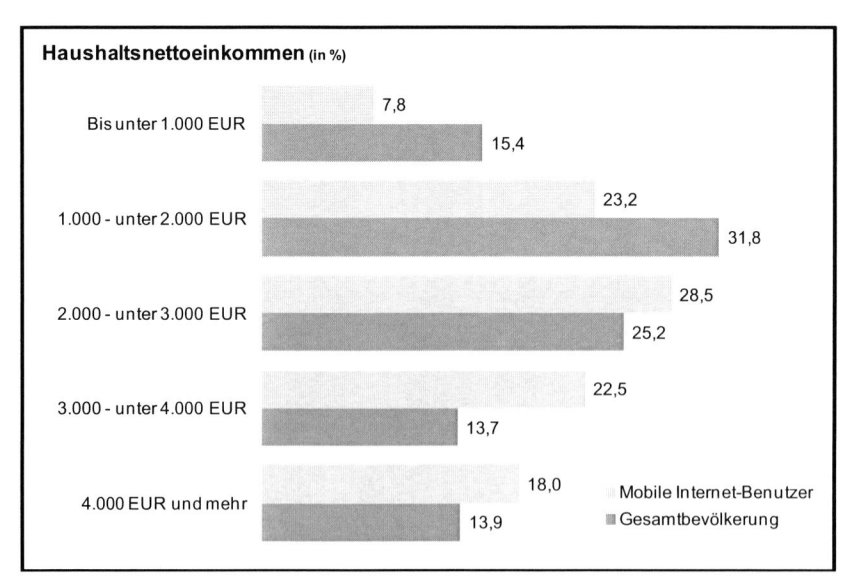

- Bis unter 1.000 EUR: 7,8 / 15,4
- 1.000 - unter 2.000 EUR: 23,2 / 31,8
- 2.000 - unter 3.000 EUR: 28,5 / 25,2
- 3.000 - unter 4.000 EUR: 22,5 / 13,7
- 4.000 EUR und mehr: 18,0 / 13,9

Mobile Internet-Benutzer
Gesamtbevölkerung

Abbildung 17: Haushalts-Nettoeinkommen der mobilen Internet-Benutzer
Quelle: AGOF (2012, p. 10)

Körperliche und kognitiven Fähigkeiten oder Grenzen
Die Benutzer von Smartphones haben in der Regel keine körperlichen und kognitiven Beeinträchtigungen. Für Minderheiten mit z. Bsp. Hör- oder Sehschädigungen kann dennoch mit Hilfe von Vibrationsgebern, Sensoren usw. eine Barriere-freie Nutzungsmöglichkeit (Accessibility) geschaffen werden **(PA03)**.

Einstellungen und Motivation zur Mobile Wallet
Allgemein zum Verfahren:
Laut einer Studie von Faktenkontor (2012a, p.1) aus dem Jahr 2012 können sich 61 % der deutschen Endanwender das Handy nicht als Mobile Wallet vorstellen, welches man zum Bezahlen einfach am Abbuchungsterminal hält. 28 % würden das Verfahren gerne nutzen und 11 % sind noch unentschlossen. 53 % der Befragten geht auch davon, dass sich dieses Verfahren langfristig nicht durchsetzen wird.

Sicherheit:
Bei 67 % existieren noch hohe Sicherheitsbedenken (Faktenkontor 2012a, p. 2). Das folgende Abfrageergebnis verdeutlicht das Zweifeln an der Sicherheit:

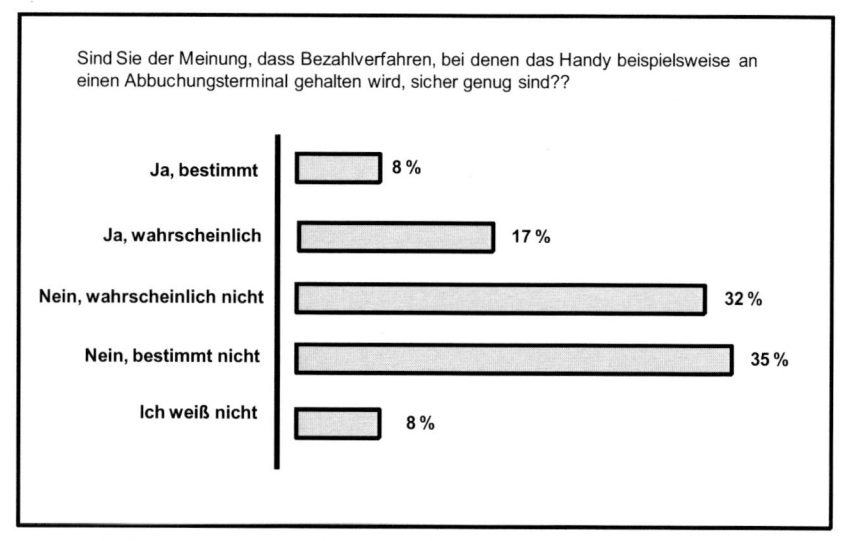

Sind Sie der Meinung, dass Bezahlverfahren, bei denen das Handy beispielsweise an einen Abbuchungsterminal gehalten wird, sicher genug sind??

- Ja, bestimmt: 8 %
- Ja, wahrscheinlich: 17 %
- Nein, wahrscheinlich nicht: 32 %
- Nein, bestimmt nicht: 35 %
- Ich weiß nicht: 8 %

Abbildung 18: 67% der Deutschen zweifeln an der Sicherheit der Mobile Wallet
Quelle: Faktenkontor (2012a, p.2)

Die Sicherheitsbedenken resultieren bei 21 % der Anwender aus der Befürchtung, dass während der Übertragung z.Bsp. die EC-Karteninformationen abgegriffen werden können (Faktenkontor 2012b, p.1). Ein Ausspähen sollte von der Mobile Wallet technisch unterbunden werden **(PA04)**, auch bei ausgeschalteten Smartphone **(PA05)**. Hier gibt es auch Warnungen der Datenschützer (Welt 2012a). Je höher der Sicherheitsstandard ist (z.Bsp. durch zusätzliche Verschlüsselung), umso länger wird aber der Zahlungsprozess dauern **(PA06)**. Weiterhin denken 30 %, dass der Missbrauch durch Betrüger mit dem kontaktlosen Verfahren generell einfacher ist (Faktenkontor 2012b, p.1). Aufgrund dieses starken Misstrauens sollten der Start und der Bezahlvorgang grundsätzlich Kennwort-geschützt sein **(PA07)**. Dies zeigt auch eine Umfrage von Linck et al. (2006), wo die Teilnehmer subjektiv zur Förderung der Sicherheit eines Bezahlverfahren, eine PIN-Abfrage fordern. Auch ist bei Verlust oder Diebstahl der „Mobile Wallet" eine unmittelbare Deaktivierungsmöglichkeit über eine zentrale Rufnummer oder Internet-Seite vertrauensfördernd **(PA08)**. Diese Möglichkeit bietet auch schon die Google Wallet (Spiegel 2012). Ist dennoch Schaden entstanden, dann könnte hier eine Missbrauch-Versicherung helfen **(PA09)**. Des Weiteren muss eine sichere und vollständige Löschung der Mobile Wallet auf dem Smartphone nach Nutzungsende gewährleistet sein (Zefferer 2012, p. 23) **(PA10)**. Ein weiterer Sicherheits-Ansatz wäre auch, dass zur Zahlung nur ein Prepaid-Konto hinterlegt wird, welches mit allen anderen Zahlungsvarianten (EC-/Kreditkarten/Lastschrift usw.) verknüpft ist **(PA11)**.

Gebrauchstauglichkeit:
Nach einer Studie von Eisenmann et al. (2004, pp. 50-62) wünschen sich 90,8% der Anwender eine einfache Handhabung **(PA12)**, 89,5% eine schnelle Durchführung **(PA13)** und 77,5% eine schnelle Erlernbarkeit des Bezahlvorgangs **(PA14)**.

Nutzung von Bargeld, Debit- und Kreditkarten:
Von 47 % der Deutschen wird die Bezahlung mit Bargeld und EC-Karten noch bequemer als die Mobile Wallet angesehen (Faktenkontor 2011, p.1). Laut einer Studie der Deutschen Bundesbank (2012b, p.16) über das Zahlungsverhalten in Deutschland, zahlten die Verbraucher im Jahr 2011 bei 53,1 % der Ausgaben für Waren und Dienstleistungen am liebsten in bar. Bei den bargeldlosen Zahlungsmitteln wurde die Girocard (frühere ec-Karte) mit ca. 28,3 % Anteil an den Gesamtausgaben der Kreditkarte mit 7,4 % vorgezogen. Carl-Ludwig Thiele, zitiert von der Deutschen Bundesbank (2012c), meint aber, dass Bargeld mittelfristig zunehmend Anteil an den bargeldlosen Verkehr abgeben werde. Weiterhin stellte die Deutsche Bundesbank fest (2012b, p. 8), dass Privatpersonen im Schnitt 103 Euro in bar mit sich rumtragen. Davon sind 5,90 Euro Münzgeld. Erst an der Ladenkasse entscheiden sich 60 % der Verbraucher zu welchem Zahlungsmittel sie greifen (Bundesbank 2012b, pp. 13-14).

Der Bargeld-Bestand entscheidet dann zuerst, ob mit Bargeld oder unbar bezahlt wird . Bei höheren Summen wird aber meistens unbar bezahlt. Bei diesen verschiedenen Nutzungsszenarien/-Orten von Bargeld und den EC-/Kreditkarten wird klar, dass die Mobile Wallet nur eine ernsthafte Alternative werden kann, wenn sie ebenfalls an jeder Kasse in jedem Geschäft eingesetzt werden kann **(PA15)**. Mittel- und langfristig müssen alle bargeldlosen Zahlungsverfahren wie Girocard oder Kreditkarten unterstützt werden **(PA16)**. Die Google Wallet (Google 2013) geht schon diesen Weg (Golem 2012). Genau wie diese Unterstützung, ist auch eine Anwendbarkeit im Ausland erforderlich **(PA17)**. Um immer einen ausreichend verfügbaren Geldbetrag auf der Mobile Wallet an der Kasse zur Verfügung zu haben, wäre eine flexible Aufladung an Geldausgabeautomaten / Einzahlterminals **(PA18)** oder mobil übers Internet per Überweisung / Lastschrift **(PA19)** wünschenswert. Das umständliche Handling von Scheinen und Kleingeld an den Kassen oder den Automaten könnte durch die „Mobile Wallet" abgelöst werden **(PA20)**. Auch ist das kontaktlose Bezahlen gegenüber Bargeld und EC-/Kreditkarten hygienischer **(PA21)**.

Höhe der Zahlbeträge:
Die Höhe der Beträge, welche über eine Mobil Wallet-Lösung bezahlt werden würden, wächst stetig. In der MP3-Studie der Forschungsgruppe „wi-mobile" der Universität Augsburg aus dem Jahr 2006 stellten Verfahren wie die Mobile Wallet im stationären Handel an der Kasse oder Automaten im Mikro-Payment-Bereich (>= 0,05 Cent und <= 5 Euro) oberhalb von 1 Euro und im unteren Makro-Payment-Bereich (>= 5 Euro) bis 25 Euro das bevorzugte Bezahlungs-Instrument der Deutschen dar (wi-mobile 2008, p. 8). Im Jahr 2012 waren laut Faktenkontor schon 35 % der Deutschen bereit mehr als 20 Euro per Funkchip zu bezahlen, 12 % würden auch Beträge über 40 Euro mit dieser Methode begleichen (Faktenkontor 2012b, p.2). Nach dem Report von Steinbeis Research Center gingen im selben Jahr sogar 60% der Befragten davon aus, dass sie überwiegend Zahlungen im Bereich von 20-99 Euro tätigen würden (Steinbeis 2012, p. 13). Am besten wäre, wenn die Höhe und Verfügbarkeit des Geldbetrages sich nur alleine am Prepaid-Konto oder dem Verfügungsrahmen des Giro- und Kreditkartenkonto ausrichtet würden **(PA22)**.

Vertrauen zu Anbietern:
Des Weiteren haben 34 % kein Vertrauen in die großen Mobilfunk-Unternehmen (Faktenkontor 2012a, p.2). Sie halten sie nicht für kompetente und sichere Anbieter. Eine Abhängigkeit zu diesen würden die Benutzer wohl nicht befürworten **(PA23)**. Dagegen wurden Banken schon in einer Studie der Augsburger Forschungsgruppe „wi-

mobile" im Jahr 2003 von 74,7% der Befragten (wi-mobile 2008, p. 4) und später auch in der Studie von KMPG aus dem Jahr 2010 (KPMG 2010, p. 14) gegenüber einem spezialisierten Intermediär oder Mobilfunkunternehmen bevorzugt. Für 58 % der Deutschen spielen die Banken eine Schlüsselrolle und deren Aufklärung ist entscheidend für die Einführung und Akzeptanz der Mobile Wallet (Faktenkontor 2012b, p.1). Somit ergibt sich der Anwenderwunsch, dass die Beratung, der Vertrieb und der Service der „Mobile Wallet" ausschließlich über Banken **(PA24), (PA25)** oder aber auch nur über einen einzigen Anbieter stattfinden sollte **(PA26)**.

Zahlungsverkehrs- bzw. Abrechnungsverfahren:
Eine vergangene Studie von KPMG (2010, p. 13) mit 1000 deutschen Teilnehmern zeigte, dass das beliebteste Zahlungsverkehrs-bzw. Abrechnungsverfahren im Jahr 2010 die Prepaid-Methode gefolgt von Payment-Anbietern (z. Bsp. PayPal), dem Bankeinzug, der Telefonrechnung und der Kreditkarte war. Auch hier ergibt sich die Anforderung nach Unterstützung von Bezahl- und Abrechnungsverfahren wie Prepaid, PayPal, Lastschriften oder EC-/Kreditkarten.

Integrierte Bonus-Programmen:
In der MP3-Studie der Forschungsgruppe „wi-mobile" aus dem Jahr 2006 gaben insgesamt 42,8 % der Teilnehmer an, dass sie bei einem integrierten attraktiven Bonus-Programm das mobile Bezahlverfahren häufiger nutzen würden (wi-mobile 2008, p. 9-10) **(PA27)**. Das Bonusgramm sollte mit anderen Verfahren wie Miles&More, Payback (Payback 2013) kombinierbar sein und Datenschutz, Anonymität sollten gewährleistet werden **(PA28)**. Des Weiteren wurde Werbung aufgrund der Bonusprogramme abgelehnt (wi-mobile 2008, pp. 9-10) **(PA29)**.

Flexible Einstellung einer PIN-Abfrage:
Nach der MP3-Studie von „wi-mobile" aus dem Jahr 2006 gibt es keine definierte Betragshöhe, ab der die Masse der Benutzer eine PIN-Abfrage befürwortet (wi-mobile 2008, p. 10). Der Vorschlag der Forschungsgruppe den Schwellenwert für die PIN-Eingabe mit einem allgemein akzeptierbaren Anfangswert (z. Bsp. 10 oder 50 Euro) vor zu besetzen und ihn im Rahmen der Online-Konfiguration beliebig nach Wunsch des Benutzer ändern zu können ((wi-mobile 2008, p. 11), ist ein gute Produktanforderung an eine Mobile Wallet **(PA30)**.

Wissen und Erfahrung zu Einsatzmöglichkeiten der Mobile Wallet

Laut der Studie von KPMG (2010, p. 11) lag der Bekanntheitsgrad der Mobile Wallet in Deutschland im Jahr 2010 noch sehr niedrig. So war die „Bezahlung durch Halten des Mobiltelefons vor einem Lesegerät im Laden" bei:

- ca. 75 % der Teilnehmer unbekannt,
- ca. 20 % der Teilnehmer hatten schon mal davon gehört aber noch nicht genutzt,
- und lediglich ca. 5 % der Teilnehmer war es bekannt und hatten es mindestens einmal genutzt.

Mitte 2011 sahen nach Faktenkontor (2011, p. 1) ca. 54 % der Deutschen in erster Linie die Möglichkeit mit der Mobile Wallet Bus und Bahntickets zu begleichen. Des Weiteren konnten sich ca. 50 Prozent vorstellen damit Parktickets zu bezahlen. Somit ergibt sich generell der Bedarf nach Ticket-Einkauf/ Verwaltung (Mobile Ticketing) **(PA31)**. Nur 23 % hielten damit eine Bezahlung beim Bäcker oder Friseur für möglich. Erst Ende Jahr 2011 und Anfang 2012 wurde die Bezahlung an der Kasse schon bekannter. So konnten sich schon laut Faktenkontor (2012b, pp.1-2) ca. 33 % von 1000 Deutschen die Mobile Wallet als Zahlungsmethode im Supermarkt vorstellen. Weitere 31 Prozent würden damit an der Tankstelle bezahlen und ca. 27 % sie in der Postfiliale nutzen. Jedoch sahen nur 16 % einen Einsatz in Bekleidungsgeschäften vor, was laut obiger Definition auch ein Einsatzgebiet der Mobile Wallet ist **(PA32)**.

3.1.3 Aufgaben

Ausgehend von denen in Punkt 1.5 beschriebenen Anwendungsszenarien einer Mobile Wallet (Typ A und B) werden nun in der folgenden Tabellen drei Hauptaufgaben angegeben und im Detail mittels der Analysepunkte von Maguire (2001, p. 459) beschrieben:

Analysepunkte:	Hauptaufgabe 1 (PA12):	Hauptaufgabe 2 (PA31):	Hauptaufgabe 3 (PA32):
Eigenschaft, Beschreibung:	Durchführung der Bezahlung an der Kasse (im Supermarkt, Ladengeschäft, Kinokasse usw.)	Durchführung der Bezahlung an Automaten (Tickets, Süßigkeiten, Getränke usw.)	Beauftragung und Bezahlen von Waren am Schaufenster, bei den Regalen im Geschäft und an Werbeplakaten
Ziel, Ergebnis:	Schnelle und transparente Zahlung	Schnelle und transparente Zahlung	Schnelle und transparente Beauftragung und Zahlung
Schritte:	- am Terminal halten - ggf. PIN eingeben - Zahlung bestätigen	- am Automat halten - ggf. PIN eingeben - Zahlung bestätigen	- Applikation starten - Reader starten - am Aufkleber/Code halten - ggf. PIN eingeben - Order bestätigen - Zahlung bestätigen
Frequenz:	Mehrmals täglich	Mehrmals täglich	Mehrmals täglich
Dauer:	Maximal 30 Sekunden	Maximal 30 Sekunden	Maximal 60 Sekunden
Flexibilität:	Keine	Keine	mäßige
Abhängigkeiten:	Störungsfreier NFC-Datentransfer zum Kassenterminal, Funktionsfähige NFC-Applikation und Hardware vom Smartphone, ggf. auch Internet-Empfang	Störungsfreier NFC-Datentransfer zum Automaten, Funktionsfähige NFC-Applikation und Hardware vom Smartphone, ggf. auch Internet-Empfang	Störungsfreier NFC-Datentransfer zum NFC-Aufkleber, gute Kamera-Lesbarkeit des Bar/QR-Code, Funktionsfähige NFC-Applikation und Hardware vom Smartphone, Internet-Empfang
Physische und mentale Anforderungen:	- Funktionsfähige Hand, Augen und ggf. Ohren - hohe Konzentration	- Funktionsfähige Hand, Augen und ggf. Ohren - hohe Konzentration	- Funktionsfähige Hand, Augen und ggf. Ohren - mäßige Konzentration
Risiko bei Fehlausführung:	Gering, da nur einmalige Bezahlung ins Stocken gerät	Gering, da nur einmalige Bezahlung ins Stocken gerät	Gering, da nur einmalige Bezahlung ins Stocken gerät
Sicherheitskritische Anforderungen:	Sichere Übertragung der Finanzdaten	Sichere Übertragung der Finanzdaten	Sichere Übertragung der Beauftragungs- und Finanzdaten

Tabelle 5: Hauptaufgaben 1-3 der Mobile Wallet

Zwei weitere Hauptaufgabe-Möglichkeiten (Anwendungsszenarien Type C und G) sind:

- Bezahlung von Person zu Person **(PA33)**;
- Durchführung der Bezahlung von Online-Geschäften im Internet (Remote-Distanzzahlungen) **(PA34)**;

Diese werden hier nicht weiter detaillierter untersucht, aber in der Endanwender-Befragung als Produktkriterien zur Zufriedenheit und Akzeptanz abgefragt. Zur Ausführung der Hauptaufgaben 1-3 lassen sich in den nächsten Tabellen folgende 11 Unteraufgaben als Voraussetzung identifizieren:

Analysepunkte:	Unteraufgabe 1 (PA35):	Unteraufgabe 2 (PA35):	Unteraufgabe 3 (PA30):
Eigenschaft, Beschreibung:	Einrichtung der persönlichen Adress- und Kontodaten	Einrichtung der technischen Autorisierung (NFC, SMS, QR-Code usw.)	Einrichtung der Datensicherheit und des Datenschutz (PIN, Secure Element)
Ziel, Ergebnis:	Erfassung der korrekten Daten zur Abwicklung	Erfassung der korrekten technischen Spezifikation zur Autorisierung	Erfassung der korrekten technischen Spezifiaktion zur Datensicherheit und dem Datenschutz
Schritte:	- Aufruf der Maske - Eingabe der Daten - Speicherung	- Aufruf der Maske - Eingabe der Daten - Speicherung	- Aufruf der Maske - Eingabe der Daten - Speicherung
Frequenz:	Einmal bei der Einrichtung	Einmal bei der Einrichtung	Einmal bei der Einrichtung
Dauer:	Maximal 5 Minuten	Maximal 5 Minuten	Maximal 5 Minuten
Flexibilität:	keine	Keine	keine
Abhängigkeiten:	Funktionsfähige Applikation und Hardware vom Smartphone, ggf. auch Internet-Empfang	Funktionsfähige Applikation und Hardware vom Smartphone, ggf. auch Internet-Empfang	Funktionsfähige Applikation und Hardware vom Smartphone, ggf. auch Internet-Empfang
Physische und mentale Anforderungen:	- Funktionsfähige Hand und Augen - hohe Konzentration	- Funktionsfähige Hand und Augen - hohe Konzentration	- Funktionsfähige Hand und Augen - hohe Konzentration
Risiko bei Fehlausführung:	Hoch, da Fehl-Bezahlung und Fehl-Belastung möglich ist	Hoch, da sichere Transaktion gefährdet ist	Hoch, da sichere Transaktion und Speicherung gefährdet ist
Sicherheitskritische Anforderungen:	Stabiles System während der Eingabe	Stabiles System während der Eingabe	Stabiles System während der Eingabe

Tabelle 6: Unteraufgaben 1-3 der Mobile Wallet

Analysepunkte:	Unteraufgabe 4 (PA16):	Unteraufgabe 5 (PA27):	Unteraufgabe 6 (PA35):
Eigenschaft, Beschreibung:	Einrichtung der Abrechnungsverfahren (Kreditkarten, Lastschriftverfahren, Prepaid, Paypal, usw.)	Einrichtung des Bonuskartensystem	Einrichtung des persönlichen Anwendungsdesign (Farben, Schriftarten, Style, Töne usw.)
Ziel, Ergebnis:	Erfassung der korrekten Daten zur Abwicklung	Erfassung der korrekten Daten zum Bonussystem	Personalisierung des System
Schritte:	- Aufruf der Maske - Eingabe der Daten - Speicherung	- Aufruf der Maske - Eingabe der Daten - Speicherung	- Aufruf der Maske - Eingabe der Daten - Speicherung
Frequenz:	Einmal bei der Einrichtung	Einmal bei der Einrichtung	Einmal bei der Einrichtung
Dauer:	Maximal 5 Minuten	Maximal 5 Minuten	Maximal 5 Minuten
Flexibilität:	keine	keine	hohe
Abhängigkeiten:	Funktionsfähige Applikation und Hardware vom Smartphone, ggf. auch Internet-Empfang	Funktionsfähige Applikation und Hardware vom Smartphone, ggf. auch Internet-Empfang	Funktionsfähige Applikation und Hardware vom Smartphone, ggf. auch Internet-Empfang
Physische und mentale Anforderungen:	- Funktionsfähige Hand und Augen - hohe Konzentration	- Funktionsfähige Hand und Augen - hohe Konzentration	- Funktionsfähige Hand und Augen - mäßige Konzentration
Risiko bei Fehlausführung:	Hoch, da falsche Abwicklung entstehen kann	Mäßig, da Bonussystem ggf. nicht unterstützt wird	Keine, da schon Standard-Setup vorhanden ist
Sicherheitskritische Anforderungen:	Stabiles System während der Eingabe	Stabiles System während der Eingabe	Stabiles System während der Eingabe

Tabelle 7: Unteraufgaben 4-6 der Mobile Wallet

Analysepunkte:	Unteraufgabe 7 (PA36):	Unteraufgabe 8 (PA29):	Unteraufgabe 9 (PA22):
Eigenschaft, Beschreibung:	Aufrufen der Suchfunktion für NFC-Akzeptanzstellen	Starten der Angebots/Werbung – Anzeigen	Anzeige des verfügbaren Betrags
Ziel, Ergebnis:	Finden von Geschäften, in denen man mit der Mobile Wallet zahlen kann	Anzeigen von aktuellen Angeboten und Werbung	Verfügbaren Betrag anzeigen
Schritte:	- Aufruf der Map mit nahen Azeptanzstellen	- Aufruf der Angebots- und Werbeseite	- Aktualisierung der Maske mit der Anzeige des verfügbaren Betrags
Frequenz:	Mehrmals in der Woche	Mehrmals in der Woche	Mehrmals am Tag
Dauer:	Maximal 1 Minute	Maximum of 15 seconds	Maximum of 15 seconds
Flexibilität:	keine	keine	keine
Abhängigkeiten:	Funktionsfähige Applikation und Hardware (GPS-Empfang) vom Smartphone, Internet-Empfang	Funktionsfähige Applikation und Hardware vom Smartphone, Internet-Empfang	Funktionsfähige Applikation und Hardware vom Smartphone, Internet-Empfang
Physische und mentale Anforderungen:	- Funktionsfähige Hand und Augen - mäßige Konzentration	- Funktionsfähige Hand und Augen - mäßige Konzentration	- Funktionsfähige Hand und Augen - mäßige Konzentration
Risiko bei Fehlausführung:	Keins, da nur das Geschäfte auffinden schwieriger wird	Gering, günstige Angebote können übersehen werden	Keins, da ein nicht gedeckter Zahlungsbetrag auch schon vom System selbst blockiert wird (Online-Verifikation über die NFC-Verbindung)
Sicherheitskritische Anforderungen:	Stabiles System während der Anzeige	Stabiles System während der Anzeige	Stabiles System während der Anzeige

Tabelle 8: Unteraufgaben 7-8 der Mobile Wallet

Analysepunkte:	Unteraufgabe 10 (PA37):	Unteraufgabe 11 (PA35):
Eigenschaft, Beschreibung:	Abruf der zuletzt durchgeführten Transaktionen	Herunterladen der Mobile Wallet – App aus einem Online-App-Store
Ziel, Ergebnis:	Kontrolle und Übersicht der Zahlungsvorgänge	Installation und Nutzung der Mobile Wallet
Schritte:	- Call the mask	- Einwahl im App-Store - Herunterladen der Anwendung
Frequenz:	Mehrmals in der Woche	Einmal am Anfang der Nutzung
Dauer:	Maximal 15 Sekunden	Maximal 5 Minuten
Flexibilität:	keine	keine
Abhängigkeiten:	Funktionsfähige Applikation und Hardware vom Smartphone, Internet-Empfang	Funktionsfähige Applikation und Hardware vom Smartphone, Internet-Empfang
Physische und mentale Anforderungen:	- Funktionsfähige Hand und Augen - mäßige Konzentration	- Funktionsfähige Hand und Augen - mäßige Konzentration
Risiko bei Fehlausführung:	Keins, da nur zusätzliche Information angezeigt wird	Keins, Fehlinstallation kann wiederholt werden
Sicherheitskritische Anforderungen:	Stabiles System während der Anzeige	Stabiles System während des Herunterladen

Tabelle 9: Unteraufgaben 10-11 der Mobile Wallet

Wie den einzelnen Spaltenüberschriften der Tabellen zu entnehmen, stellen alle hier beschriebenen Aufgaben zugleich Produktanforderungen dar.

3.1.4 Besondere technische Anforderungen an das Smartphone

Hardware

Die Mobile Wallet sollte auf jedem Smartphone laufen (**PA38**). Grundsätzlich deckt die Hardware-Standardausstattung eines Smartphone alle Anforderungen dazu ab. Für bestimmte Funktionalitäten werden aber noch besondere technische Einheiten benötigt:

NFC-Modul:

Über das NFC-Modul wird das kontaktlose Bezahlen oder aber auch andere Funktionen, wie z. Bsp. die eines Schlüssels zum Öffnen von Türen (**PA39**), ermöglicht. NFC (Near Field Communication) ist ein Übertragungsstandard, der 2002 von NXP Semiconductors (vormals Philips) und Sony entwickelt wurde (Bauer et al 2008, p. 308). Bei dieser Technik werden hochfrequente Wechselfelder im Frequenzbereich von 13,56 MHz mit einer Datenübertragungsrate von maximal 424 Kbit/s und einer Kommunikationsreichweite von maximal ca. 10 cm eingesetzt (Finkenzeller 2008, pp. 64-65). Geräte mit NFC-Modulen können sowohl aktiver als auch passiver Part der Kommunikation sein und in drei verschiedenen Modi laufen (Zefferer 2012, pp.5-6):

- *Peer-to-Peer-Modus:*

Diese Betriebsart erlaubt den gegenseitigen Datenaustausch zwischen zwei NFC-Geräten. Damit kann zum Beispiel die gegenseitige Zusendung von Zahlungen zwischen zwei Mobile Wallet – Smartphones umgesetzt werden.

- *Reader/Writer-Modus:*

Im diesem Modus verhält sich ein NFC-Device wie ein RFID-Lesegerät und es kann mit passiven RFID-Tags (z. Bsp. Smartposter) kommunizieren. Dies kann bei der Beauftragung von Waren an Regalen und Werbeplakaten genutzt werden.

- *Card-Emulation-Modus:*

Im Card-Emulation-Modus verhält sich ein NFC-Gerät wie eine kontaktlose Smartcard und die Kommunikation wird unabhängig von der übrigen Hard- und Software ausschließlich vom NFC- Chipsatz gesteuert. Dadurch kann der Card-Emulation-

Modus auch bei ausgeschaltetem NFC-Gerät betrieben werden und er wird vom Initiator (z.Bsp. NFC-Terminal) bereitgestellten Feld versorgt. Dies ermöglicht die Umsetzung einer Strom-unabhängigen Mobile Wallet **(PA40)**.

Da NFC wie auch RFID auf einer kontaktlosen Datenübertragung basiert, ergeben sich nach Zefferer (2012, pp. 6-7) folgenden Gefahrenpotentiale:

- Abhören der drahtlosen Kommunikation und Datenabzug durch eine Replay-Attacke;
- Man-in-the-Middle-Attacken durch Angreifer-Platzierung zwischen den beiden Kommunikationspartnern;
- Einnahme der Rolle von einem der Kommunikationspartner oder durch schnelleres Beantworten von Befehlen;
- Störung und Manipulation der Datenkommunikation **(PA41)**;

Das Verhindern dieser Gefahren sind absolute Muss-Anforderungen.

Secure Elemente:
Damit der über NFC betriebene kontaktlose Zahlungsverkehr sicher abläuft, müssen laut Leschik (2012, p. 55) die Programme und Daten der Mobile Wallet im Speicher eines Secure-Elements (SE) abgelegt werden **(PA42)**. Als Secure-Element können hierbei die SIM-Karte, die SD-Karte oder ein fest eingelöteter Chip fungieren. Dies hat den Vorteil, dass ein anderer Speicher statt des üblichen, ggf. unsicheren Smartphone-Arbeitsspeicher genutzt wird. Dabei werden die NFC- Daten direkt durch das Secure-Element geleitet und können nicht einfach gelöscht, geändert oder gelesen werden (Finkenzeller 2008, pp. 389-392). Das Verwalten des Secure Elements sollte durch einen *Trusted Service Manager* über das Internet oder sonstige Datenanbindung erfolgen (siehe Punkt 3.1.1) **(PA43)**. Eine ganz andere Alternative zur Speicherung der sensiblen Daten wählt Google. Hier werden diese in der Cloud auf deren Servern liegen (ZDNet 2012).

Sensoren:
Es gibt Sensoren (Inside-Handy 2013), die den Bezahlvorgang hervorragend unterstützen können **(PA44)**. So kann mit einem Helligkeitssensor die Display-Helle in dunkler Umgebung automatisch angepasst werden. Über einen Annäherungssensor können für den störungsfreien Betrieb am NFC-Terminal bestimmte Funktionen (z. Bsp. einkommende Telefonate) deaktiviert werden **(PA45)**. Ein Bewegungssensor ermöglicht die Akzeptierung der Zahlung mit einer Bewegung (z. Bsp. Schütteln). Ein

sehr interessanter Sensor ist auch der Fingerabdruck-Sensor. Mit diesem kann man eine biometrische Authentifizierung anstelle der PIN-Eingabe durchführen (Focus 2013).

Zusätzliche Hard-Buttons:

Zum Aktivieren der Mobile Wallet bzw. des NFC-Transponder ist die Verwendung von zusätzlichen Hard-Buttons sinnvoll, da das Starten über den Touchscreen bei gleichzeitig schon geöffneten Applikationen sich als sehr umständlich und fehleranfällig erweisen könnte **(PA46)**.

EC-/Kreditkartenlesegerät:

Über den Kopfhörer - Anschluss kann ein EC-/Kreditkartenlesegerät angeschlossen werden, welches das sogenannte *Merchant Enabled Mobile Payment* (MPayment.de 2012b) ermöglicht. Dieses Verfahren eignet sich besonders für kleinere Händler oder Handwerker, welche sich keine teure Payment-Infrastruktur leisten können (siehe Punkt 1.5, Anwendungsszenario Typ I). Aus Endanwender-Sicht ist es eher von geringerer Bedeutung **(PA47)**.

Software

Hier werden, wie bei der Hardware, die besonderen Anforderungen der Mobile Wallet an die Software des Smartphone betrachtet. Im Detail sind dies die notwendige Betriebssystem-Unterstützung, die benötigte Anwendungs-Architektur und das Anwendungsdesign bzw. Menüführung.

Notwendige Betriebssystem-Unterstützung:

Laut Bitkom (2012) sah die Betriebssystem-Verteilung in Deutschland von 2011- 2012 bei den benutzen Smartphones wie folgt aus:

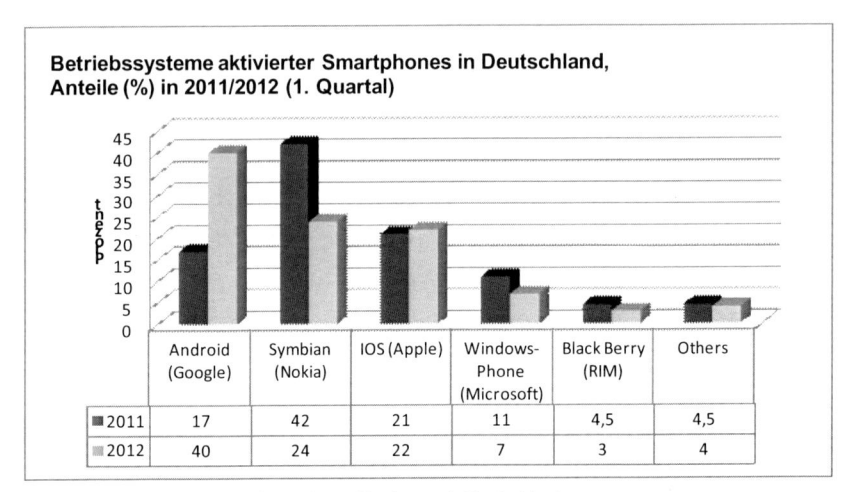

Betriebssysteme aktivierter Smartphones in Deutschland, Anteile (%) in 2011/2012 (1. Quartal)

	Android (Google)	Symbian (Nokia)	IOS (Apple)	Windows-Phone (Microsoft)	Black Berry (RIM)	Others
2011	17	42	21	11	4,5	4,5
2012	40	24	22	7	3	4

Abbildung 19: Die wichtigsten Smartphone-Plattformen in Deutschland
Quelle: Bitkom (2012)

Man erkennt klar, dass Google's Android auf dem Vormarsch ist (von 2011: 17% auf 2012: 40%), Apple's IOS auf demselben Niveau bleibt (von 2011: 21% auf 2012: 22 %) und die Systeme von Nokia (Symbian von 2011: 42 % auf 2012: 24%), RIM (Black Berry von 2011: 4,5 % auf 2012: 3 %) und Microsoft (Windows Phone von 2011: 11 % auf 2012: 7%) zunehmend Marktanteile verlieren. Klarer Verlierer ist Nokia, aber es bleibt abzuwarten wie deren favorisiertes Nachfolge-Betriebssystem Windows Phone sich die nächsten Jahre behaupten kann. Internationale Studien von Statista (2013) gehen bis 2016 von einem weiteren Siegeszug von Google's Android mit 63,80 % Marktanteil, leichten Rückgang von Apple's IOS mit 19,10 %, und einem Aufholen von Windows Phone mit 11,40 % aus. Die anderen Betriebssysteme werden nur noch von geringer Bedeutung sein (insgesamt 5,7 % Marktanteil):

Internationaler Marktanteil der Betriebssyteme bis 2016

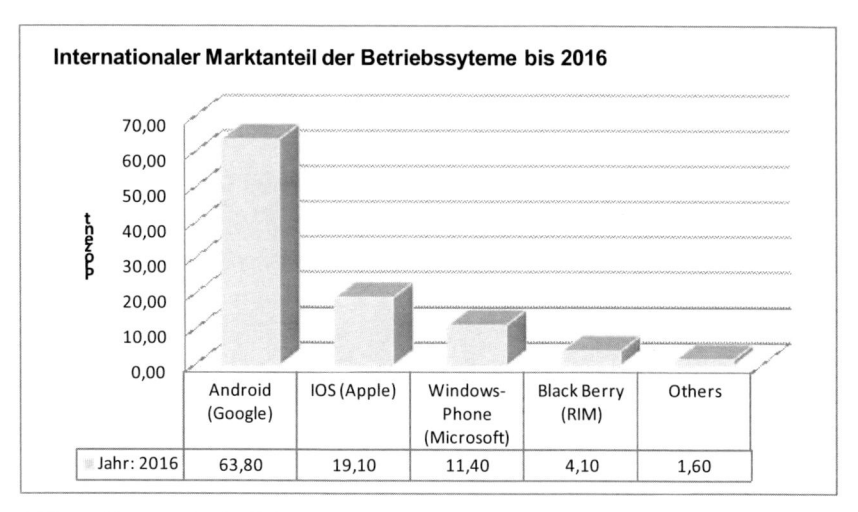

	Android (Google)	IOS (Apple)	Windows-Phone (Microsoft)	Black Berry (RIM)	Others
Jahr: 2016	63,80	19,10	11,40	4,10	1,60

Abbildung 20: Internationaler Marktanteil Smartphone-Betriebssysteme bis 2016
Quelle: Statista (2013)

Schon Ende 2012 besaß jedes zweite Smartphone in Deutschland das Android-Betriebssystem (FTD 2012). Wegen dem sich andeutenden Dreikampf von Google, Apple und Mircosoft, sollte die Mobile Wallet auf jeden Fall auf Android, IOS und Windows Phone laufen **(PA48)**.

Anwendungs-Architektur:
Grundsätzlich gibt es zwei alternative Anwendungs- Architekturen auf dem Smartphone: *Mobile Apps* oder *Mobile Websites*. Laut Goldbach Interactive (2013) kann die Umsetzung als Mobile App auf Basis einer entsprechenden Programmiersprache, durch Einsatz von Frameworks mit vorprogrammierten Anwendungsarchitekturen oder durch die Nutzung von HTML5 mit zusätzlichen Container-Apps erfolgen. Wenn die Apps einmal heruntergeladen sind, dann ermöglichen sie eine gute Performance und sind teilweise nicht auf Internet-Verbindung angewiesen. Bei den Mobile Websites sieht das anders aus. Sie brauchen natürlich eine Internet- Verbindung und deren Performance ist von der verfügbaren Anbindungsbandbreite abhängig. Für Goldbach Interactive (2013) ist die Mobile Website die kleine, aber gewitzte Schwester der Standard-Website, welche nur ausgewählte Inhalte enthält und deren Navigation für den Gebrauch über den Touchscreen optimiert ist (weniger Grafiken und Daten, stärkerer Kontrast). Da die Mobile Wallet am NFC-Terminal auch ohne Internet-Verbindung funktionieren sollte scheidet die Architektur der Mobile Websites von vorneherein aus.

Anwendungsdesign / Menüführung:

Für Nielsen und Budia (2013, p.129) wird eine mobile Anwendung erfolgreich sein, wenn sie eine *Mini-IA* ((Miniature Information Architecture) anwendet und dabei eine nutzungsbasierte Struktur auf der Basis einer klaren und bescheidenen Navigation berücksichtigt. Eine Mini-IA ermöglicht ein einzelnes Thema in einzelne Einheiten zu gliedern, welche dann über eine einfache Navigation miteinander verbunden werden (Nielsen Norman Group 2011). Auch sollte sie fehlertolerant und letztendlich dem Anwender Spaß und Zufriedenheit geben. Im Folgenden werden zwei aktuelle Beispiele von Mobile *Wallets* – Menüführungen gezeigt:

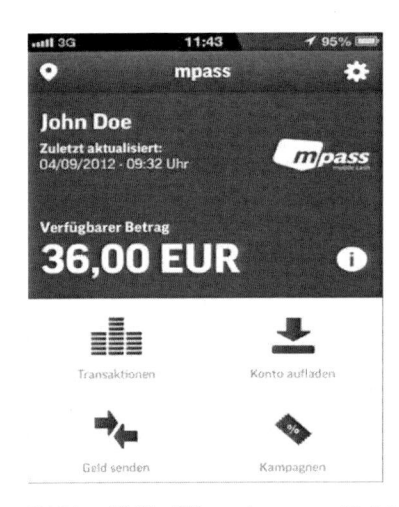

Abbildung 22: Menüführung der mpass - Wallet
Quelle: ITespresso (2013)

Abbildung 21: Menüführung der Google - Wallet
Quelle: Gigaom2 (2011)

3.1.5 Anforderungen aus der physischen und sozialen Umgebung

Physische Umgebung

Maquire (2001, p, 460) ist der Meinung, dass die physische Umgebung einen großen Einfluss auf die Usability des Produktes hat. So können zum Beispiel eine schlechte Beleuchtung und laute Umgebungsgeräusche bei den unter Punkt 1.5 beschriebenen Anwendungsszenarien verhindern, dass der Endanwender die Mobile Wallet richtig anwenden kann. Hier müssen sämtliche Möglichkeiten der technischen Ausstattung (Sensoren, Fotoleuchte, Lautsprecher) zur zusätzlichen Unterstützung genutzt werden.

Soziale Umgebung

Die Mobile Wallet ist ein frei nutzbares Produkt und wird in keinem besonderen sozialen Umfeld, z Bsp. im Rahmen eines Arbeitsverhältnisses in einer Arbeitsgruppe gemeinsam mit Kollegen genutzt. Soziale Einflüsse aus dieser Richtung sind auszuschließen und nicht zu berücksichtigen. Man kann aber sagen, dass gerade am Anfang der Bekanntheit, der Endanwender in der Öffentlichkeit als Trendsetter wahrgenommen wird. Des Weiteren möchten sich vielleicht bestimmte Anwender bei der Nutzung hinsichtlich Risikobereitschaft und Status differenzieren. Eine Variation wie bei den Kreditkarten (Standard/Gold/Platin) würde dazu sich anbieten **(PA49)**.

3.1.6 Vorhandene Akzeptanzstellen

Für die Smartphones mit NFC-Chips gibt es in Deutschland grundsätzlich drei Hauptvarianten der NFC – Akzeptanzstellen:

<u>Kompatibel Terminals für das payWave – Verfahren von VISA</u>
Nach Angaben der Webseite DerHandel (2012b) konnte Visa 2012 nur auf payWave-Akzeptanzstellen im Ausland verweisen (z. Bsp. 1200 McDonald's-Filialen in UK). Die Anzahl in Europa belief sich laut Postbank auf insgesamt ca. 175.000 Stück (Postbank 2012a). Laut der Stiftung Warentest (2013) existieren aber mittlerweile auch in Deutschland bei Taxi Frankfurt (am Main) mit 1 500 Fahrzeugen und bei 540 star-Tankstellen Akzeptanz-Terminals. Nachfolgend wird ein Muster des Gerätes gezeigt:

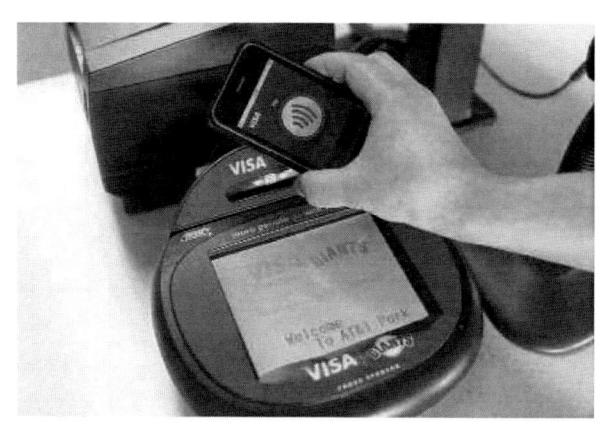

Abbildung 23: Beispiel eines payWave - Terminal von Visa
Quelle: Halloo (2012)

Kompatibel Terminals für das payPass – Verfahren von Mastercard

Hier existieren zu Zeit ca. 3000 Akzeptanzstellen in Deutschland (Welt 2012c), europaweit rund 100.000 (CardComplete 2013) und weltweit schätzungsweise 500.000 Stück (Heise 2012b). Laut Connect (2012) gibt es diese Terminals u.a. bei Aral- und Star-Tankstellen und O2 Shops. Das Terminal sieht wie folgt aus:

Abbildung 24: Beispiel eines payPass - Terminal von Mastercard
Quelle: Geekbecois (2012)

Kompatibel Terminals für das GiroGo – Verfahren der Deutschen Kreditwirtschaft

Akzeptiert werden die GiroGo-Karten derzeit in 318 Handelsfilialen an 819 Terminals im Großraum Hannover (DerHandel 2012c). Diese wurden im Rahmen des GiroGo-Pilotprojekt (Q2 2012) in Betrieb genommen. Zu den Händler gehören u.a. die Filialen der Douglas Holding (Douglas, Thalia, Christ, Hussel, Appelrath-Cüpper) und der Esso-Tankstellen. Beide haben einer endgültigen Einführung schon zugesagt (DerHandel 2012b). Ein Beispiel-Apparat wird im folgenden Bild gezeigt:

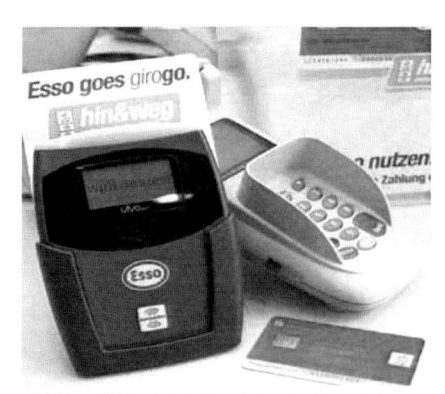

Abbildung 25: Beispiel eines GiroGo - Terminal
Quelle: BS-Cardservice (2012b)

3.1.7 Konkurrenzprodukte

Laut wi-mobile (2008, p. 4) muss ein Anbieter bei der Einführung eines MP-Verfahrens nicht nur die Konkurrenzsituation auf dem MP-Markt betrachten, sondern auch die Konkurrenz zu anderen Bezahlinstrumenten, wie etwa Bargeld, Überweisungen , Schecks, Debit- und Kreditkarten oder E-Payment-Verfahren berücksichtigen. Deswegen ist es wichtig die Verbreitung und Nutzung dieser Produkte zu untersuchen um Anforderungen an die Mobile Wallet abzuleiten.

<u>NCF-fähige Debit- und Kreditkarten</u>

Wie aus dem Kapitel 1.5, Tabelle 2 zu entnehmen, bieten die großen Kreditkartenunternehmen Visa und Mastercard in Kooperation mit Telekommunikationsunternehmen und Banken Kreditkarten mit NFC-Chips an. Laut der Webseite DerHandel (2012b) hatte Visa im Jahr 2012 für sein Verfahren *payWave* in Europa ungefähr 30 Millionen Karten im Umlauf. Nach der Stiftung Warentest (2013) waren Ende 2012 in Deutschland etwa 500.000 Kreditkarten Paywave-fähig. Dazu gehörten zum Beispiel die Visa-Karten von der BWBank, comdirect bank, DKB, Landesbank Berlin, Targobank, Volkswagenbank und Postbank . Des Weiteren plant Visa mit Vodafone Prepaid – Kreditkarten auf SIM-Karten für NFC-fähige Smartphones (DerHandel 2012a).

Abbildung 26: Beispiel einer payWave - Kreditkarte von Visa
Quelle: Mybanktracker (2012)

Der Konkurrent Mastercard ist mit seinem kontaktlosen Zahlverfahren *payPass* schon weiter vorangeschritten (Mastercard 2013). So gibt es weltweit ca. 100 Millionen payPass-fähige Kreditkarten. In Deutschland beläuft sich die Anzahl auf ungefähr 1,2 Millionen Stück (inkl. Payback plus, Miles & More u.a.) (DerHandel 2012b):

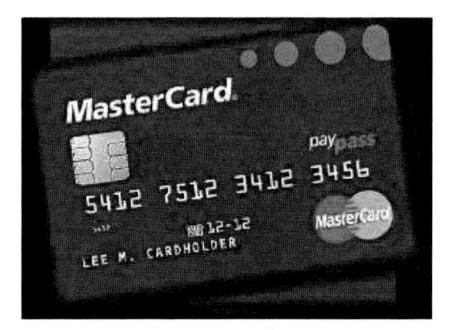

Abbildung 27: Beispiel einer payPass - Kreditkarte
Quelle: Mastercard (2012)

Die Deutsche Kreditwirtschaft (DK) hat ihre Girocards (früher EC-Karten) auch mit einem NFC-Chip ausgestattet (DerHandel 2012b). Das Verfahren trägt den Namen *GiroGo*. Die Sparkassen, Volks- und Raiffeisenbanken haben dazu schon ca. 1,2 Millionen Karten an Ihre Kunden ausgegeben. Die Sparkassen möchten bis 2014 alle ihre rund 45 Millionen Girocards mit der GiroGo-Funktion ausstatten (Sparkasse 2012a).

Abbildung 28: Beispiel einer GiroGo - Kreditkarte
Quelle: Concept-Consulting (2012)

Debit- und Kreditkaten ohne NFC

In Jahr 2011 waren ungefähr 84250 Bankautomaten installiert und dazu ca. 132,7 Millionen Bankkarten zur Bargeldabhebung ausgegeben (Deutsche Bundesbank 2012a, p. 6). Diese Bankkarten beinhalteten ca. 130,6 Mio. Karten mit Zahlungsfunktion, welche sich wie folgt aufteilten (ebd.):

- 104 Mio. Debitkarten (EC-Karten);
- 22,6 Mio. Kreditkarten ohne Kreditfunktion;
- 4 Mio. Kreditkarten mit Kreditfunktion;

Mit diesen Mitteln konnte man an insgesamt 710912 Zahlungsterminals (POS) seine Rechnung begleichen (ebd.). Das folgende Schaubild stellt diese E-Commerce-Zahlungsinfrastruktur nochmals graphisch dar:

	Anzahl Karten mit Zahlungsfunktion	Anzahl EC-Karten	Anzahl Kreditkarten mit keiner Kreditfunktion	Anzahl Kreditkarten mit Kreditfunktion	Anzahl Geldautomaten	Anzahl Zahlungsterminals (POS)
Total:	132.700,5	103.957,4	22.680,7	3.947,3	84.250,0	710.912,0

E-Commerce Zahlungsinfrastruktur in 2011 (Tausend Stück)

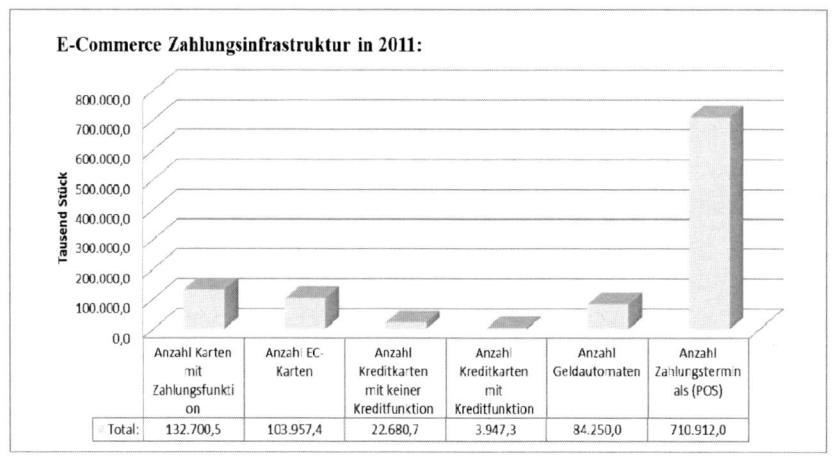

Abbildung 29: E-Commerce Zahlungsinfrastruktur in 2011
Quelle: Deutsche Bundesbank (2012a, p. 6)

Letztendlich wurden aber im bargeldlosen Zahlungsverkehr von ca. 17776 Mio. Transaktionen (Wert 67985 Mrd. Euro) nur (Deutsche Bundesbank 2012a, p. 7):

- ca. 2405 Mio. über Debit-Karten (Wert: ca. 139,1 Mrd. Euro);
- ca. 501 Mio. über Kreditkarten ohne Kreditfunktion (Wert: ca. 45,1 Mrd. Euro);
- ca. 42 Mio. über Kreditkarten mit Kreditfunktion (Wert: ca. 3,2 Mrd. Euro);

ausgeführt. Der Rest geschah mit Überweisungen (ca. 6090 Mio., Wert: ca. 54901

Mrd. Euro) und Lastschriften (ca. 8661 Mio., Wert: ca. 13345 Mrd. Euro)(Deutsche Bundesbank 2012a, pp. 7-9). Die ECommerce-Akzeptanzstellen fanden folgende Anwendung (ebd., pp. 9-10):

- bei Bankautomaten ca. 2171 Mio. Transaktion mit einem Wert von ca. 397,2 Mrd. Euro;
- bei Zahlungsterminals (POS) ca. 2721 Mio. Transaktionen mit einem Wert von ca. 166,1 Mrd. Euro;

Zum besseren Vergleich gegenüber dieser Konkurrenz sollte die Mobile Wallet für die Benutzer ein transparentes Kosten-Modell (Einmalkosten und Transaktionsgebühren) aufweisen **(PA50)** und auf jeden Fall nicht teurer sein **(PA51)**.

4 Methodik

4.1 Forschungsdesign

Im folgenden Text werden die wichtigsten Aspekte des Forschungsdesign aufgezeigt und zum Schluss nochmals in einer Grafik in einem Gesamt-Zusammenhang gebracht.

Forschungsfrage (unabhängige / abhängige Variablen / Moderatorvariablen)
Wie schon in der Einleitung beschrieben lautet die zentrale Forschungsfrage der Untersuchung:

> **Welche Produktkriterien haben den größten Einfluß auf die Zufriedenheit und Akzeptanz der deutschen Endanwender mit der "Mobile Wallet"?**

Diese Forschungsfrage setzt sich aus einer Beziehung zwischen unabhängigen und davon abhängigen Variablen zusammen. Die unabhängigen Variablen stellen alle zu betrachtenden Produktkriterien dar, die davon abhängigen Variablen sind die Zufriedenheit und die Akzeptanz der Endanwender bzw. Untersuchungsobjekte. Die Zufriedenheit und Akzeptanz mit einem Produkt entsteht, wenn Anforderungen und Bedürfnisse der Endanwender durch die Produktkriterien erfüllt werden. Welche Produktkriterien und wie den größten Einfluss auf die Ausprägung der abhängigen Variablen, hier die Zufriedenheit und Akzeptanz haben, versucht diese Studie mittels geeigneter Instrumente (siehe Kano-Modell /TAMM, Kapitel 2) zu messen und herauszufinden. Des Weiteren werden in dieser Forschungsarbeit auch noch Moderatorvariablen (wie z. Bsp. Alter) miteinbezogen, um ebenfalls deren Wirkung auf die Beziehung zwischen unabhängiger /abhängiger Variabel zu analysieren.

Theoretischer Teil

Der theoretische Teil startet, wie schon beschrieben, mit der Beschreibung des *Kano-Modell der Kundenzufriedenheit* (siehe Punkt 2.1) und dem *Technologie Akzeptanzmodell für Mobile Services* (siehe Punkt 2.2). Das Kano-Modell bildet das konzeptionelle Rahmenwerk der Forschungsarbeit und bestimmt mit seiner Kano-Methode maßgeblich die Form der Endanwender-Befragung, das Verfahren der anschließenden Analyse und letztendlich die Interpretation der Ergebnisse hinsichtlich der Kundenzufriedenheit. Das TAMM gibt Orientierungshilfe bezüglich der Einflussfaktoren auf die Akzeptanz und der Clusterung von Produktkriterien. Anschließend werden die Grundlagen und Methoden der Usability- und User Experience - Forschung (siehe Punkt 2.3) erläutert. Dieses Forschungsgebiet zeigt allgemeine Anforderungen an die Mobile Wallet bezogen auf die Gebrauchstauglichkeit und dem Nutzungserlebnis. Aus dieser Wissenschaft kommt auch die Feststellung, dass man die Wirkungsweise zwischen Produkt und Zufriedenheit erst genau dann verstehen kann, wenn man eine ausführliche Nutzungskontext-Analyse betrieben hat. Die folgende *Nutzungskontext-Analyse* (siehe Kapitel 3) erkennt und selektiert die unabhängigen Variablen (Produktkriterien) in Form von Produktanforderungen. Zur Ableitung der Produktanforderungen werden auch Sekundärdaten, Studien zu Mobile Payment, dargestellt und ausgewertet (siehe Punkt 3.1.2). Diese Sekundärdaten benötigt man auch nochmals in einer späteren Phase der Studie, der Interpretation von Befunden und Ergebnissen (siehe Kapitel 6). Diese erste Selektion der Produktanforderungen dient als Eingangskatalog zur Fragebogen-Konstruktion (siehe Punkt 4.4.1).

Empirischer Teil

Der empirische Teil startet mit der Clusterung der gefundenen Produktanforderungen aus der Nutzungskontext-Analyse und deren jeweilige Umformulierung zu abzufragende Produktkriterien (siehe Punkt 4.2). Zur Festlegung der Cluster werden die Erkenntnisse aus dem TAMM und Usability /UX-Forschung angewandt. Das Ergebnis dieser Clusterung bildet die Grundlage der Fragebogen-Konstruktion. Bevor die Fragebogen-Konstruktion beginnt, sind noch deren Experten/Pretester und die Stichprobe der Endanwender – Befragung zu bestimmen (siehe Punkt 4.3). Dann steht die schrittweise Konstruktion des Fragebogens an (siehe Punkt 4.4.1). Dabei wird der aus der Nutzungskontext-Analyse gewonnene Produktkriterienkatalog mit Hilfe von Experten verifiziert. Die Experten überprüfen die abgeleiteten Produktkriterien auf Wichtigkeit bezüglich der Forschungsfrage und Verständlichkeit bei den Endanwendern. Hierbei können sowohl Löschungen, Kombinationen oder auch Hinzunahmen stattfinden. Als finaler Schritt der Fragebogenkonstruktion wird ein Pretest mit einigen ausgewählten Endanwendern durchgeführt und letzte redaktionelle Korrekturen vorgenommen. Das nächste Kapitel 4.4.2 beschreibt nun die Bereitstellung und Durchführung der Endanwender-Befragung auf der Basis einer Online-Umfrage. Bevor die Endanwender-Befragung startet, werden noch die Objektivität, Validität und Reliabilität der Forschungsmethode angesprochen (siehe Punkt 4.5) und die Hypothesen (siehe Punkt 4.6) aufgestellt.

Datenanalyse

Das Kapitel 5 analysiert und bereitet die aus der Befragung erhobenen Daten auf. Die Datenanalyse verwendet neben den Verfahren der deskriptiven Statistik natürlich hauptsächlich die Analysen der Kano - Methode.

Befunde und Ergebnisse

Mit Hilfe der aus der Datenanalyse gewonnen Informationen und Daten (Dataset) werden nun die Hypothesen bestätigt oder widerlegt (siehe Punkt 6.1). Der Paragraph 6.2 versucht schließlich mit den Befunden aus Kapitel 6.1, sowie der Hinzunahme der Aussagen von Experten (siehe Punkt 4.4.1) und den Ergebnissen von Studien zur Mobile Wallet (siehe Punkt 3.1.2) die Forschungsfrage zu beantworten. Der nächste Abschnitt präsentiert noch weitere wichtige Erkenntnisse (siehe Punkt 6.3). Auf besonders zu beachtende Themen wird im Kapitel 6.4 eingegangen.

Zusammenfassung und Empfehlungen

Abschließend finden noch eine Zusammenfassung aller Ergebnisse und Empfehlungen statt (siehe Kapitel 7).

Die folgende Grafik gibt das Forschungsdesign im Ganzen wieder:

Forschungsdesign

Theoretischer Teil der Arbeit, Literatur-Recherche, Klärung der Forschungsunterfragen U1-U4, deduktiv

- Kano – Modell der Kundenzufriedenheit
- Technologie Akzeptanzmodell für Mobile Services
- Grundlagen und Methoden der Usability und User Experience
- Nutzungskontext und Produktanforderungen

Empirischer Teil der Arbeit, Primärforschung, induktiv

- Clusterung der Produktkriterien
- Konstruktion des Fragebogen
- Endanwender-Befragung

Studien zu Mobile Payment | Ergebnisse der Befragung (Dataset) | Experten-Interviews

Datenanalyse

Befunde und Ergebnisse: Be- oder Widerlegung der getroffenen Hypothesen, Beantwortung der Forschungsfrage

Zusammenfassung und Empfehlungen

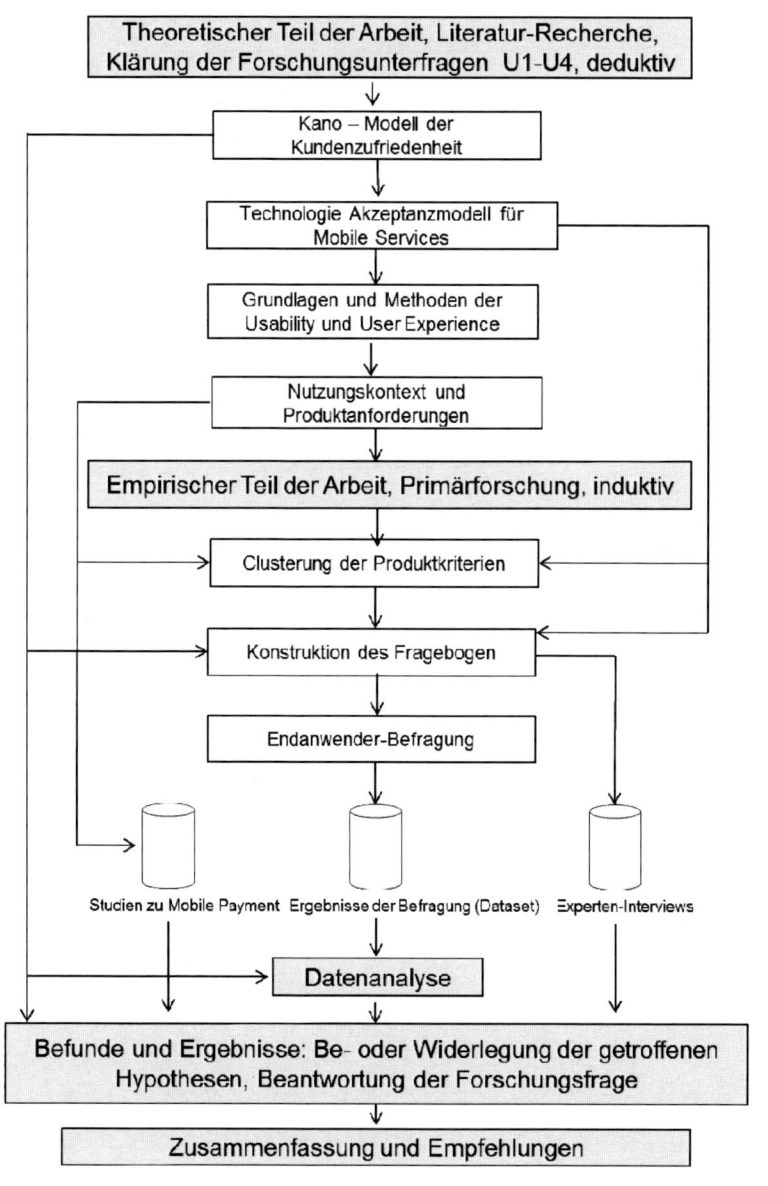

Abbildung 30: Forschungsdesign der Untersuchung

4.2 Clusterung der Produktkriterien

Unter Beachtung des *Technologie Akzeptanzmodell für Mobile Services* (siehe Punkt 2.2) und der Grundlagen / Methoden von Usability & User Experience (siehe Punkt 2.3), ergibt sich folgende sinnvolle Clusterung für die aus der Nutzungskontext-Analyse (siehe Punkt 3) abgeleiteten Produktanforderungen:

- Usability;
- Utility;
- Security @ Trust;
- Accessibility;
- Kosten (Costs);
- Sozialer Status (Social Status);

Mit Hilfe dieser Gliederung werden nun die ermittelten Produktanforderungen nochmals aufgelistet und jeweils als abzufragendes Produktkriterium umformuliert. Die PA-Nr. stellt dabei die Referenz zur Nutzungskontext-Analyse her. Die Tabellen berücksichtigen auch schon die funktionale / dysfunktionale Fragetechnik des Kano-Modell:

PA-Nr.	Beschreibung	Usability	Utility	Security & Trust	Accessibility	Kosten	Sozialer Status	Funktional	Dysfunktional
				Clusterung				Kano	
PA01	Die Sicherheit des gesamten Abwicklungsvorgangs inkl. der beteiligten Unternehmen ist von einer unabhängigen Gesellschaft zertifiziert und abgenommen.			X				X	
PA02	Für die „Mobile Wallet" gilt nur ein allgemein gültiger Standard hinsichtlich der Sicherheit, den Prozessen und der Technik.			X				X	
PA03	Körperlich behinderte Menschen unterstützt die „Mobile Wallet" mit Sprach- und Signalausgabe (Ton, Vibration).				X			X	
PA04	Das Ausspähen von sensiblen Benutzerdaten während des Bezahlvorgangs ist nicht gänzlich auszuschließen.			X					X
PA05	Die „Mobile Wallet" kann bei ausgeschalteten Smartphone nicht genutzt werden.			X				X	
PA06	Die Dauer des Bezahlvorgangs wird durch zusätzliche Sicherheit (z. Bsp. weitere PIN-Abfrage) höher als bei Bargeld oder EC-/Kreditkarten.			X					X
PA07	Der Start der „Mobile Wallet" und ggf. die Bestätigung einzelner Bezahlungen werden durch eine Kennwort-Abfrage (PIN) geschützt.			X				X	
PA08	Die „Mobile Wallet" kann bei Verlust oder Diebstahl direkt über eine zentrale Rufnummer oder Internet-Seite deaktiviert werden.			X				X	
PA09	Eine Missbrauch-Versicherung gegen Verlust größerer Geldbeträge kann abgeschlossen.			X				X	
PA10	Das Löschen der „Mobile Wallet" auf dem Smartphone ist vollständig und sicher.			X				X	
PA11	Zur Zahlung wird nur ein Prepaid-Konto hinterlegt, welches mit allen anderen Zahlungsvarianten (EC-/Kreditkarten/Lastschrift usw.) verknüpft ist.			X				X	
PA12	Für den Bezahlung-Vorgang wird das Smartphone einfach in einem kurzen Abstand (< 10 cm) kontaktlos am Kassenterminal gehalten (Tap & Go).	X						X	
PA13	Die Wartezeiten an der Kasse und an Automaten werden durch die „Mobile Wallet" reduziert.		X					X	
PA14	Die Benutzeroberfläche ist nutzungsbasiert, minimalistisch und klar strukturiert.	X						X	
PA15	Die „Mobile Wallet" ist nicht in allen Geschäften nutzbar.	X							X
PA16	Die „Mobile Wallet" unterstützt Prepaid, PayPal, Lastschriften und alle gängigen EC-und Kreditkarten inkl. deren Abrechnungsverfahren.		X					X	
PA17	Die „Mobile Wallet" kann auch im Ausland genutzt werden.		X					X	
PA18	Das Prepaid-Guthaben der „Mobile Wallet" kann ich an jedem Geldausgabe-Automaten oder anderen Einzahl-Terminals in den Geschäften aufladen.		X					X	
PA19	Das Prepaid-Guthaben der „Mobile Wallet" kann man per Sofort-Überweisung übers Internet (Mobil oder PC) und mittels normaler Überweisung und Lastschrift aufladen.		X					X	
PA20	Das umständliche Handling von Scheinen und Kleingeld an der Kasse oder dem Automaten wird durch die „Mobile Wallet" abgelöst.		X					X	
PA21	Durch das kontaktlose Bezahlen ist die „Mobile Wallet" gegenüber Bargeld und EC-/Kreditkarten hygienischer.		X					X	
PA22	Die Höhe und Verfügbarkeit des Geldbetrages richtet sich alleine nur am Prepaid-Konto oder dem Verfügungsrahmen des Giro- und Kreditkartenkonto aus.		X					X	
PA23	Die „Mobile Wallet" ist nicht fest an das Smartphone bzw. dessen Hersteller oder einem Telekommunikations-Unternehmen gebunden.	X						X	
PA24	Die Beratung, der Vertrieb und der Service der „Mobile Wallet" findet ausschließlich über Banken statt.					X		X	
PA25	Eine Vorort-Registrierung der „Mobile Wallet" z. Bsp. in Bank-Filialen ist Pflicht.					X		X	

Tabelle 10: Clusterung der Produktkriterien 1- 25

PA-Nr.	Beschreibung	Usability	Utility	Security & Trust	Accessibility	Kosten	Sozialer Status	Funktional	Dysfunktional
PA26	Es gibt nur einen vom Staat Deutschland akzeptierten Anbieter der „Mobile Wallet".			X				X	
PA27	Die „Mobile Wallet" berücksichtigt automatisch die hinterlegten Kunden-/Bonuskarten und Geschenk-/Gutscheinkarten.		X					X	
PA28	Alle Bezahlungen mittels der „Mobile Wallet" können nachverfolgt werden, es gibt keine garantierte Anonymität.			X					X
PA29	Die Anbieter der „Mobile Wallet" zeigen Infos und Werbung zu anderen Produkten in der Anwendung an.		X					X	
PA30	Die Betragshöhe, mit der ich ohne zusätzliche Sicherheitsabfrage (PIN) bezahlen kann, ist frei konfigurierbar.	X						X	
PA31	In der „Mobile Wallet" kann man erworbene Tickets sicher ablegen und auf Anfrage anzeigen bzw. übermitteln.			X				X	
PA32	Mit der „Mobile Wallet" können auch Waren an den Geschäfts-Regalen, an Werbeplakaten und an Schaufenstern beauftragt und bezahlt werden.			X				X	
PA33	Zwei Personen mit einer „Mobile Wallet" können sich gegenseitig Zahlungen senden.		X					X	
PA34	Mit der „Mobile Wallet" kann man auch beim Online – Shopping im Internet am PC (wie z. Bsp. Paypal) bezahlen.		X					X	
PA35	Das Herunterladen und die Installation der Anwendung (Registrierung und Konfiguration) kann man bequem von überall (Mobil oder PC) über das Internet durchführen.	X						X	
PA36	Geschäfte, in denen die „Mobile Wallet" benutzt werden kann, können mittels GPS-Navigation aufgesucht werden.	X						X	
PA37	Die „Mobile Wallet" verfügt über eine einfache Ausgabenkontrolle und zeigt die schon ausgeführten Bezahlvorgänge auf.		X					X	
PA38	Jedes Smartphone kann für die Mobile Wallet genutzt werden.	X						X	
PA39	Die „Mobile Wallet" kann noch andere Informationen (z. Bsp. elektronischer Ausweis) und Funktionen (z. Bsp. Schlüssel) übernehmen und somit die physische Geldbörse ersetzen.			X				X	
PA40	Die „Mobile Wallet" funktioniert auch wie eine EC- oder Kreditkarte und kann bei ausgeschalteten Smartphone benutzt werden.	X						X	
PA41	Die Störung des Bezahlvorgangs bewusst oder unbewusst durch Dritte oder Technik ist möglich.			X					X
PA42	Die zur Zahlungsabwicklung benötigten, sensiblen Daten (Kontonummer usw.) liegen in einem geschützten Bereich (Secure Element) auf dem Smartphone.			X				X	
PA43	Programm-Updates bezüglich Funktionalität und Sicherheit werden automatisch über das Internet (z. Bsp. App-Stores) angeboten und durchgeführt.	X						X	
PA44	Die Smartphone-Sensoren, der Vibrationsalarm, die Lautsprecher und die Fotoleuchte unterstützen beim Bezahlvorgang.	X						X	
PA45	Während der Nutzung der „Mobile Wallet" sind alle anderen Smartphone-Funktionen (z. Bsp. Telefon) deaktiviert.	X						X	
PA46	Die „Mobile Wallet" kann außerhalb des Touchscreen über einen zusätzlichen Schalter, ähnlich wie dem Ein/Aus-Schalter, aktiviert werden.	X						X	
PA47	Die „Mobile Wallet" kann mit einem Kartenlese-Gerät (z. Bsp. am Kopfhörer- oder USB-Anschluss auch Bezahlungen über EC- und Kreditkarte annehmen.			X				X	
PA48	Programm-Variationen für alle großen Smartphone-Betriebssysteme, wie Google Android, Apple IOS und Microsoft Windows Phone, werden angeboten.	X						X	
PA 49	Die „Mobile Wallet" wird in den drei Varianten Standard, Gold und Platin angeboten, welche jeweils einen unterschiedlichen Funktionsumfang, verfügbaren Betrag und Absicherung beinhalten.						X	X	
PA50	Die Gebührenstruktur der „Mobile Wallet" ist transparent und einfach zu verstehen.					X		X	
PA51	Die Fixkosten und die transaktionsabhängigen Gebühren der „Mobile Wallet" sind vergleichbar mit denen der EC/- Kreditkarten.					X		X	

Tabelle 11: Clusterung der Produktkriterien 26 - 51

Die Anzahl der oben aufgelisteten Produktkriterien ist für eine Befragung auf der Basis des Kano-Modells zu hoch (siehe Punkt 2.1.3). Auch sind sie in ihrem Inhalt und in der Wichtigkeit bezogen auf die Beantwortung der Forschungsfrage noch nicht durch Experten verifiziert worden. Dies geschieht im unteren Kapitel der Fragebogenkonstruktion (siehe 4.4.1).

4.3 Auswahl von Teilnehmern und der Stichprobe

4.3.1 Experten und Pre-Tester der Fragebogen-Konstruktion

Es bedarf einer inhaltlichen und redaktionellen Überprüfung des Fragebogens vor dem Start der Online-Umfrage. Die inhaltliche Überprüfung wurde mit Hilfe von fokussierten Experteninterviews durchgeführt. Hier ging es in erster Linie darum, dass man im Sinne einer validen Messung auch alle wichtigen Produktkriterien bezogen auf die Forschungsfrage berücksichtigt hat. Dazu wählte man Experten aus folgenden Bereichen auf der Basis der obigen Produktkriterien-Clusterung (siehe Punkt 4.2) aus:

Experten: Bereiche	Anzahl	Knowledge zu:					
		Usability	Utility	Security&Trust	Accessibility	Costs	Social Status
Forschung und Lehre über Mobile Payment	1	X	X	X	X		X
Autoren zu Mobile Payment	1	X	X	X	X		
Produktmanagement von Kreditkarten / Electronic Banking bei Banken	2	X	X	X		X	
Einzelhandel, Vertrieb	1	X	X	X			
Unternehmensberatung, spezialisiert auf Mobile Payment	2	X	X	X			X
Verbände, Vorgaben/Regulierungen zu Mobile Payment	1	X	X	X		X	

Tabelle 12: Experten zur Verifizierung der Mobile Wallet - Produktkriterien

Diese Experten wählte man, da sie in ihrer Bandbreite alle möglichen und realistisch umsetzbaren Endanwender-Anforderungen an eine Mobile Wallet kennen. Die genaue Vorgehensweise und die Ergebnisse der Experten-Interviews erklärt und stellt das Kapitel 4.4.1 dar.

Des Weiteren wurde, passend zur unten angegebenen Stichprobe (siehe Punkt 4.3.2) zur jeder Altersgruppe eine Person für einen Pre-Test der Online-Befragung ausgewählt:

Zusammensetzung des Pre-Test		
Altersgruppe	Anzahl der Pre-Tester	Geschlecht
14-19	1	Männlich
20-29	1	Männlich
30-39	1	Weiblich
40-49	2	Männlich Weiblich
50-59	1	Weiblich
ab 60	0	
Gesamt:	**6**	

Tabelle 13: Zusammensetzung des Pre-Test

Eine Person in der Altersgruppe über 60 konnte nicht gefunden werden. Da diese Altersgruppe aber auch nur ca. 5 % der Zielpopulation ausmacht, ist das Risiko eines falsch zu verstehenden Fragebogen relativ gering. Die Durchführung und die Resultate schildert der Punkt 4.4.1.

4.3.2 Stichprobe der Endanwender-Befragung

Laut Beutin (2006, p.134 zit. In: Böhm (2012, p. 11)) sollte ein Stichprobenumfang im Bereich der Kundenzufriedenheit auf 40 - 50 Personen belaufen. In dieser Forschungsarbeit werden die Antworten von 100 Deutschen Endanwender ausgewertet (insgesamt 110 Teilnehmer, davon aber 10 unvollständige Befragungen). Die Höhe der Stichprobe liegt somit weit über den Umfang einer üblichen Kundenzufriedenheits-Befragung. Von den Teilnehmern haben 81 ein Smartphone und 19 keins. Auch die Nicht-Besitzer eines Smartphones gehören zur der Zielgruppe der Befragung, da diese potentielle Nutzer der Mobile Wallet sind. Sie besitzen genauso Abfrage-relevante Produktanforderungen, da sie die Konkurrenz-Bezahlverfahren (Bargeld/EC-/Kreditkarten) anwenden und einfache Handys nutzen. Des Weiteren wird dieselbe Altersklassenstruktur der AGOF-Studie aus Kapitel 3 benutzt. Die Teilnehmer sind Männer und Frauen aus den Altersgruppen „14-19", „20-29", „30-39", „40-49", „50-59" und „> 60" . Die folgende Tabelle zeigt die Details auf:

AGOF - Studie		Angesetzte Stichprobe	
Altersgruppe	Anteil (%)	Anzahl Teinehmer	% von der Stichprobe
14-19	16	11	11,0
20-29	27,6	31	31,0
30-39	21,1	18	18,0
40-49	19,7	21	21,0
50-59	10,4	13	13,0
ab 60	5,3	6	6,0
Gesamt:		**100**	

Tabelle 14: Stichprobe der Endanwender-Befragung, angelehnt an AGOF-Studie
Quelle: AGOF-Studie (2012, pp. 6-7)

4.4 Methoden und Instrumente zur Erhebung der Daten

4.4.1 Konstruktion des Fragebogen

Der Fragebogen soll methodisch und inhaltlich folgende Aspekte berücksichtigen:

- Auswahl der aussagekräftigsten Produktkriterien im Sinne der Forschungsfrage mit Hilfe von Experten-Interviews;
- Anwendung der Kano-Methode (siehe Punkt 2.1.3);
- Erhebung der relativen Bedeutung (Wichtigkeit) der einzelnen Produktkriterien (Sauerwein 2000, p. 41);
- Ermittlung der Nutzungsabsicht und Akzeptanz laut *Technologie Akzeptanzmodell für Mobile Services* (siehe Punkt 2.2);
- Abfrage von sozio-demographischen Daten der Teilnehmer zur Bestimmung deren Einfluss auf die Antworten (Moderatorvariablen);
- Abfrage der Nutzung von Konkurrenz-Produkten;

Diese einzelnen Punkte werden im nachstehenden Text noch detaillierter beschrieben. Des Weiteren muss der Fragebogen folgende strukturellen und redaktionellen Anforderungen erfüllen:

- Die Anzahl der abzufragenden Produktkriterien muss in einem für den Teilnehmer hinsichtlich Konzentration und Zeit erträglichem Masse bleiben;
- Aufgrund der Fülle der Produktkriterien ist eine schematische Gliederung sinnvoll;
- Eine Erklärung des Untersuchungsgegenstand und des Vorgehen ist erforderlich;
- Die abgefragten Produktkriterien müssen leicht verständlich sein;

Diese Themen behandelt der weiter unten dargestellte Pre-Test.

Berücksichtigung der aussagekräftigsten Produktkriterien durch Experten-Interviews
Die Interviews mit den unter Kapitel 4.3.1 genannten Experten fanden nach folgendem Zeitplan statt:

Experten, Bereiche zur Verifizierung:	Termine der Befragung:
Einzelhandel, Vertrieb	06.02.2013, 19:00-12:00 Uhr
Forschung und Lehre über Mobile Payment	07.02.2013, 17:00-18:00 Uhr
Autoren zu Mobile Payment	07.02.2013, 18:15 -19:15 Uhr
Produktmanagement von Kreditkarten / Electronic Banking bei Banken	07.02.2013, 10:00-11:00 Uhr
	07.02.2013, 12:00-13:00 Uhr
Verbände, Vorgaben/Regulierungen zu Mobile Payment	21.02.2013, 11:00-12:00 Uhr
Unternehmensberatung, spezialisiert auf Mobile Payment	22.02.2013, 10:30-11:00 Uhr
	22.02.2013, 14:00-15:00 Uhr

Tabelle 15: Zeitplan für die Experten-Interviews

Das Format der Interviews war halb-strukturiert und lief nach folgendem Plan ab:

1. Intro (5 Min.):
   Erklärung des Forschungsziel der Untersuchung und welche Ziele mit dem Experten-Interview verfolgt werden
2. Darstellung des Produktkriterien - Katalogs (25 Min.) (siehe Anhang 1):
   Feedback der Experten, ob die Kriterien realistisch und inhaltlich korrekt ist
3. Angabe und Begründung der, für die Experten, wichtigsten Kriterien im Sinne des Forschungsziel (25 Minuten)
4. Weitere Anmerkungen der Experten (5 Minuten)

Der obige Produktkriterien - Katalog (siehe Punkt 4.2) wurde vor den Interviews noch mit einer anderen Gliederung (Unterteilung nach Handel und allgemeine Kriterien) und Nummerierung versehen (siehe Anhang 1). Die Protokolle der Interviews und deren Auswertungen wurden anonymisiert. Eine Zusammenfassung der wichtigsten Aspekte findet im folgenden Text statt:

Usability:
Die Produktkriterien PA12, PA14, PA15, PA18, PA19, PA23, PA35, PA36, PA38, PA40, PA43 und PA48 wurden grundsätzlich als Abfrage-relevant bestätigt und benötigen somit lediglich redaktionelle Änderungen oder können mit anderen Eigenschaften kombiniert werden. Die Spezialisten befürworten auch wegen des mangelnden technischen Verständnisses beim Endanwender, dass für den Bezahlvorgang nur das kontaktlose NFC-Verfahren betrachtet wird und keine weiteren Varianten wie z. Bsp. das *QR-Code-Reading*.

Die Eigenschaften PA17, PA30, PA44, PA45 und PA46 wurden von den Befragten als eher unbedeutend, unrealistisch eingestuft und werden bis auf PA30 verworfen. Dazu zählt die Auslands-Fähigkeit, welche für den Anwender mit Gebühren verbunden ist und nicht großartig Akzeptanz-relevant ist. Des Weiteren wurde die Unterstützung des Bezahlvorgangs durch Smartphone-Sensoren usw. von den Interview-Teilnehmern eher als ein *Nice-to-have*-Features angesehen. Die Eigenschaft des zusätzlichen Ein/Aus-Schalter für die Mobile Wallet ist für sie aus End-Anwender-Sicht zu undifferenziert und nicht leicht verständlich. Außerdem sei sie aus Fertigungs-Sicht unrealistisch, da kein Hersteller am Gehäuse noch freien Platz hat. Eine Bezahlung größerer Beträge ohne PIN-Abfrage fanden die Befragten ebenfalls nur schwer umsetzbar, da die Banken aus Risiko- und Haftungsgründen hier nicht mitmachen würden. Dennoch wird im Fragebogen die Akzeptanz beim End-Anwender abgefragt.

Utility:
Die Merkmale PA13, PA16, PA20, PA27, PA31, PA32, PA33, PA34, PA37 und PA39 betrachteten die Experte ebenfalls als wichtige Kriterien. Sie müssen lediglich ein wenig umformuliert oder mit anderen Abfragen gemischt werden. Bei der Unterstützung von EC-/Kreditkarten wäre es zum Beispiel wichtig herauszufinden, was sich der Anwender hier wünscht? Möchte er das Fortführen der bestehenden Verfahren, welche in einer Mobile Wallet nur integriert sind, oder ein völlig neues und unabhängiges Verfahren? Sie meinten weiter, dass die automatische Berücksichtigung von Bonus/-Kundenkarten Angst vor Daten-Missbrauch beim Kunden hervorrufen könnte, da diese nicht wissen, was der Anbieter der Mobile Wallet mit Daten vorhat. Ein Interview-Gesprächspartner sah das *Mobile Ticketing* für Kunden besonders interessant, wenn es wie zum Beispiel bei Apple *PassBook* mit einem zentralen Ticket-Verwalter verbunden ist. Bei dem gegenseitigen Zusenden von Geld sah man zuerst die Gefahr der Geldwäsche, aber auch die Möglichkeit, durch das sogenannte *Gifting*, ein besonders Kundenbedürfnis zu befriedigen. Man könnte hier zum Beispiel seinem

Sohn 20 Euro senden, welche dann nur zum Kaufen eines Mathematik-Heftes in einer Buchhandlung eingelöst werden könnten. Die *Online-Bezahlungsmöglichkeit* wurde von den Fachleuten auch als wichtig empfunden, da der Kunde ggf. nur noch ein Bezahlverfahren für jeden Verkaufskanal in Zukunft nutzen möchte. Ob der Kunde bereit ist noch andere Informationen auf der Mobile Wallet zu verwalten ist, war für die Spezialisten auch eine sehr interessante Abfrage, da man hier den *All-IN-One-Ansatz* und die Risiko-Bereitschaft prüfen kann.

Die Kriterien PA21, PA22, PA29 und PA47 werden als Abfrage verworfen. Die Experten sahen den Hygiene-Faktor in Deutschland als unbedeutend an. Dieser Vorteil wäre eher was für Länder wie Japan. Einen Zugriff auf das Giro-Konto werden laut den Fachprofis die Banken wegen Missbrauch-Gefahr nie zulassen. Die Anzeige von Infos und Werbung ist auch irrelevant, da die Deutschen nicht so Werbe-afin sind. Die Funktionalität-Erweiterung mit einem Kartenlesegerät halten sie eher für Händler bedeutsam.

Security & Trust:
Die Sicherheitskriterien PA01, PA04, PA05, PA06, PA07, PA08, PA10, PA28, PA41 und PA42 betrachteten alle Befragten auch als Muss-Abfragen. Damit müssen hier nur noch kleine Änderungen und Zusammenführungen stattfinden. Zur Zertifizierung des gesamten Abwicklungsvorgangs sagte ein Experte, dass man gerade bei den *Trusted-Shop* oder *EHI-geprüften Online-Shops* gesehen hat, dass bei unbekannten Verfahren, wie die Mobile Wallet, so ein Gütesiegel benötigt wird, um das Vertrauen bei den Anwendern zubekommen. Die Diskussion über die mögliche Ausspähung und und Störung des Bezahlvorgangs hielt einer der Fachleute für überzogen, denn man müsse bei einem Abstand von ca. 4-10 cm schon sehr an das Opfer herankommen und wissen wo sich das Smartphone befindet (Hose, Hemdtasche usw.). Dennoch sah er es als wichtig an, das Sicherheits-Empfinden der Anwender abzufragen, um daraus die nötigen Konsequenzen zu ziehen (z. Bsp. Aufklärung, Marketing). Ein anderer Fachmann erklärte zu diesem Thema, dass objektiv gesehen das Verfahren sicher sei, der Benutzer es aber anders wahrnehmen würde. Als gutes Gegenbeispiel gab er Bargeld an. Es wäre das absolut unsicherste Medium. Es würde aber als sicher betrachtet, weil man es psychologisch gesehen anfassen kann, bzw. es haptisch da ist. Bargeld könnte man aber einfach stehlen oder fälschen. Dagegen hätte man keinen Schutz. EC- und Kreditkarten kann man aber sperren oder deren Transaktionen rückgängig machen. Dasselbe gälte auch für die Mobile Wallet. Bei Mobile Wallet redet man jetzt aber nicht mehr nur über Plastik-Karten, sondern über Funkwellen. Das wäre

den meisten Anwendern noch unsicherer. Hier müssten die Mobile Wallet – Hersteller noch viel kommunizieren um den Anwender die Sicherheit zu vermitteln. Eine PIN-Abfrage auf dem Smartphone wurde von fast allen Fachleuten als abzufragendes Produktkriterium bejaht. Eine Deaktivierungsmöglichkeit sahen alle als wichtig und Mindestanforderung an, zumal dies ja beim Konkurrenzprodukt EC/-Kreditkarte schon gäbe. Bei der garantierten Anonymität vertraten die Spezialisten die Ansicht, dass die Anwender damit keine Probleme hätten, da diese in der Regel Gesetzes-treue Käufer sind. Wo die Anwender ihre sensiblen Zahlungsverkehrsdaten gespeichert haben wollen, beurteilten ebenfalls alle als wichtige Frage an. Im Angel-sächsischen Raum würde der Anwender es eher annehmen, dass die Daten in der Cloud im Internet liegen, da hier die Sicherheits-Sensibilität nicht so hoch ist. In Deutschland wird man aber den *Cloud-Ansatz* erst in ein paar Jahren anbieten können. Aktuell sei es in Deutschland wahrscheinlich, dass man auch das SD-Element als zu unsicher betrachten würde und man die SIM-Karte bevorzugen wählen würde. Das wäre ein erlerntes Verfahren, welches man am ehesten akzeptieren würde.

Die Produktkriterien PA02, PA09, PA11, PA25 und PA26 werden in den Fragebogen nicht übernommen, das sie zum Teil unrealistisch sind Laut eines Spezialisten wird es für die Mobile Wallet keinen allgemein gültigen Standard hinsichtlich der Sicherheit, den Prozessen und der Technik geben, da in diesem Bereich der Wettbewerb zu groß ist. Eine Abfrage zur *Missbrauch-Versicherung* wird nicht berücksichtigt, da hier ähnlich wie bei Bezahlung ohne PIN-Abfrage keine Gesellschaft das Haftungsrisiko tragen wird. Ein Prepaid-Konto, welches mit allen anderen Zahlungsvarianten (EC-/Kreditkarten/Lastschrift usw.) verknüpft ist, ist nach Meinung eines Befragen ebenfalls unsinnig, da nur eine Pseudo-Sicherheit dem Anwender vorgespielt würde. Eine Pflichtregistrierung für die Bezahlung von Kleinbeträgen wäre zu übertrieben. Nur einen vom Staat Deutschland akzeptierten Anbieter der „Mobile Wallet" darf es wegen des Monopol-Verbots nicht geben. Die Abfrage, dass die Beratung, der Vertrieb und der Service der „Mobile Wallet" ausschließlich über Banken stattfindet (PA24), wird im Fragebogen beibehalten, obwohl alle Befragten meinten, dass dies dem Kunden egal ist. Wichtig wäre hier nur ein vertrauensvoller Brand (z.Bsp.: Deutsche Post oder Deutsche Telekom). Da diese Eigenschaft bei anderen Studien aber eine große Schlüsselrolle spielte, bleibt diese zwecks Überprüfung im Fragebogen.

Barrierefreier Zugang (Accessibility):

Das Produktkriterium PA03 wird verworfen, weil behinderte Personen einen zu geringen Anteil an der Zielpopulation / Stichprobe haben und somit fast alle Befragten bei dieser Eigenschaft nicht betroffen sind.

Kosten:

Mehrere Experten haben bei den Kostenkriterien PA50 und PA51 gemeint, dass die Anwender nur eine kostenlose Mobile Wallet akzeptieren würden. Deswegen wird auf eine Abfrage hinsichtlich Gebühren verzichtet und nur die kostenfreie Variante berücksichtigt.

Sozialer Status:

Die Eigenschaft PA49 wird nicht als abzufragendes Produktkriterium berücksichtigt, weil laut den Fachleuten die Anwender hier in einer Differenzierung zwischen Standard, Gold und Platin keinen Bedarf sehen. Ein *Upgrade-Paket* zu einer erweiterten Version wäre sinnvoller.

Wichtigsten Kriterien aus Sicht der Experten:

Grundsätzlich haben die Experten die Meinung, dass die Kunden kein ausreichendes Know How und geschärftes Bild über das Produkt und die dahinter liegenden Prozesse haben und man deshalb nur einfache Produktkriterien ohne große technische Komplexität abfragen könnte. Als besonders wichtig erachteten sie die Anwendbarkeit der Mobile Wallet in allen Geschäften. Wenn der Benutzer nur punktuell damit bezahlen kann, dann wird es mit der Akzeptanz sehr schwierig. Weiterhin meinten sie, dass die Konsumenten generell zufrieden sind, wenn die Mobile Wallet eine Basis-Sicherheit bietet und intuitiv bedient werden kann. Zusätzlich muss sie dem Kunden aber einen hohen Nutzen bzw. Mehrwerte bringen. Da kommen wahrscheinlich zuerst die Beschleunigung an der Kasse (*Line-Skipping-Feature*) und dann das automatische Einlösen und digitale Verwalten von Bonus/Rabatt-Marken (*Mobile Couponing*). Ein Profi betonte, dass es einer *Killer - Applikation* mit einfacher Nutzung und häufiger Anwendung (alltäglich benötigte Ware) an bestimmten Point of Sales (Bäckereien, Tankstellen) bedarf. Mit zunehmender Ausbreitung würde diese Applikation die Akzeptanz der Mobile Wallet steigern. Ein weiterer Interview-Partner hatte die Ansicht, dass ein persönliches Finanz-Management einen hohen Nutzen bringen würde. Das sei mehr als reiner Zahlungsverkehr.

Die finalen abzufragenden Produkteigenschaften lesen sich nun wie folgt:

Usability	
Nr.	*Funktional formuliert:*
1.	Die Smartphone-Geldbörse ist in allen Geschäften nutzbar
2.	Man kann jedes Smartphone als Geldbörse benutzen
3.	Die Smartphone-Geldbörse ist an kein Telekommunikations-Unternehmen (z .Bsp. Telekom, Vodafone) gebunden
4.	Die Installation und die Registrierung der Smartphone-Geldbörse kann man über das Internet ausführen
5.	Die Benutzeroberfläche der Smartphone-Geldbörse ist minimalistisch und nutzungsbasiert
6.	Der verfügbare Geldbetrag der Smartphone-Geldbörse kann neben Überweisung/Lastschrift auch an Geldausgabe-Automaten aufgeladen werden
7.	Zur Bezahlung von Kleinbeträgen (z. Bsp.< 25 Euro) wird das Smartphone einfach nur in einem kurzen Abstand (< 4 cm) kontaktlos am Kassenterminal halten. Eine zusätzliche Kennwort-Abfrage ist nicht nötig.
8.	Die Smartphone-Geldbörse funktioniert auch ohne Strom (leerer Akku) und Internet-Verbindung
9.	Die Smartphone-Geldbörse besitzt eine Navigationsfunktion zum Auffinden von Geschäften, in denen man sie als Bezahlmedium nutzen kann

Tabelle 16: Finale abzufragende Usability-Produktkriterien

Utility	
Nr.	*Funktional formuliert:*
10.	Schnelle Bezahlung an Kassen und Automaten, Reduktion der Wartezeiten
11.	Mit der Smartphone-Geldbörse können auch Waren direkt an den Geschäfts-Regalen, an Werbeplakaten und an Schaufenstern beauftragt und bezahlt werden
12.	Mit der Smartphone-Geldbörse können Tickets erworben werden (z.Bsp. für Bus oder Parkhaus) und auf Anfrage angezeigt bzw. übermittelt werden
13.	Die Smartphone-Geldbörse verfügt über eine Ansicht mit den zuletzt ausgeführten Bezahlungen
14.	Bei der Smartphone-Geldbörse kann ich zur Bezahlung auch flexibel die Daten einer EC- oder Kreditkarte auswählen
15.	Die Smartphone-Geldbörse unterstützt als Abrechnungsvariante PayPal
16.	Die Smartphone-Geldbörse berücksichtigt automatisch die Daten von Kunden-,Bonus-, Geschenk-, und Gutscheinkarten
17.	Mit der Smartphone-Geldbörse kann man auch Online - Einkäufe im Internet bezahlen
18.	Zwei Personen mit einer Smartphone-Geldbörse können sich gegenseitig Zahlungen senden
19.	Die Smartphone-Geldbörse kann noch andere Informationen (z. Bsp. elektronischer Ausweis) und Funktionen (z. Bsp. Schlüssel) übernehmen und somit komplett die physische Geldbörse ersetzen

Tabelle 17: Finale abzufragende Utility-Produktkriterien

Security & Trust	
Nr.	*Funktional formuliert:*
20.	Die Aktivierung der Smartphone-Geldbörse kann nur durch vorheriger Eingabe eines Kennworts (PIN) geschehen
21.	Das Ausspähen von sensiblen Benutzerdaten während des Bezahlvorgangs ist nicht möglich
22.	Die zur Zahlungsabwicklung benötigten, sensiblen Daten (Kontonummer usw.) sind auf dem Smartphone und nicht im Internet gespeichert
23.	Alle Bezahlungen mittels der Smartphone-Geldbörse können nicht nachverfolgt werden, es gibt eine garantierte Anonymität
24.	Die Smartphone-Geldbörse kann bei Verlust oder Diebstahl direkt über eine zentrale Rufnummer oder Internet-Seite deaktiviert werden
25.	Die Höhe des Kleinbetrag, mit dem man ohne zusätzliche Kennwort-Abfrage am Kassenterminal bezahlen kann, ist frei konfigurierbar
26.	Die Beratung, der Vertrieb und der Service der Smartphone-Geldbörse findet ausschließlich über Banken statt
27.	Die Sicherheit des gesamten Abwicklungsvorgangs inkl. der beteiligten Unternehmen ist von einer unabhängigen Gesellschaft zertifiziert und abgenommen

Tabelle 18: Finale abzufragende Security & Trust - Produktkriterien

Costs:	
Nr.	*Funktional formuliert:*
28.	Die Nutzung der Smartphone-Geldbörse ist umsonst (keine Einmal-Kosten oder Transaktionsgebühren)

Tabelle 19: Finale abzufragende Costs-Produktkriterien

Anwendung der Kano-Methode

Eine Abfrage der Einstellung bei Erfüllung oder Nicht-Erfüllung zu jedem der Produkteigenschaften findet nun statt. Dabei haben die Teilnehmer laut Kano – Methode folgende Auswahl-Möglichkeiten (siehe Punkt 2.1.3):

- Das würde mich sehr freuen
- Das setze ich voraus
- Das ist mir egal
- Das könnte ich eventuell in Kauf nehmen
- Das würde mich sehr stören
- Das kann ich nicht beurteilen

Das folgende Beispiel zeigt die Abfrage des 1. Produktkriterium:

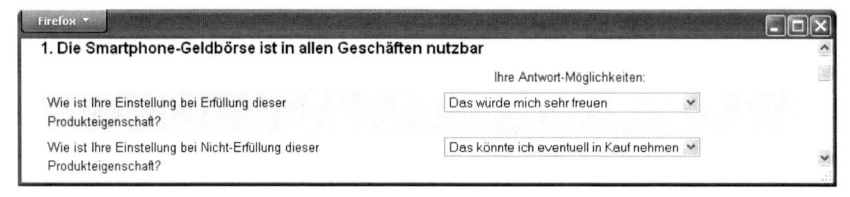

Firefox	
1. Die Smartphone-Geldbörse ist in allen Geschäften nutzbar	
	Ihre Antwort-Möglichkeiten:
Wie ist Ihre Einstellung bei Erfüllung dieser Produkteigenschaft?	Das würde mich sehr freuen
Wie ist Ihre Einstellung bei Nicht-Erfüllung dieser Produkteigenschaft?	Das könnte ich eventuell in Kauf nehmen

Abbildung 31: Abfrage-Beispiel der Kano-Methode

Erhebung der relativen Bedeutung (Wichtigkeit) der einzelnen Produktkriterien

Neben der Einstellung zu den 28 Produktkriterien ermittelt der Fragebogen noch deren Wichtigkeit. Dazu können die Anwender unter folgenden Skalenwerten auswählen:

0 = Beurteilung nicht möglich
1 = völlig unwichtig .... bis 6 = äußert unwichtig

Anbei ein Printscreen der Online – Abfrage:

Firefox							
29. Wie wichtig sind Ihnen im Vergleich die einzelnen Produkteigenschaften?							
	0 = Beurteilung nicht möglich	1 = völlig unwichtig	2	3	4	5	6 = äußerst wichtig
1. Smartphone-Geldbörse ist in allen Geschäften nutzbar	○	○	○	○	○	○	○
2. Man kann jedes Smartphone als Geldbörse benutzen	○	○	○	○	○	○	○

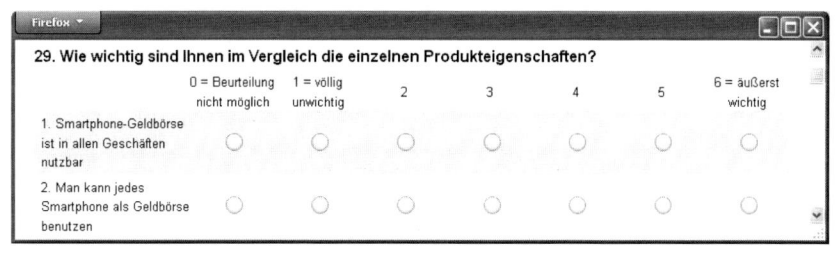

Abbildung 32: Abfrage-Beispiel der Wichtigkeit der Produkteigenschaften

Die nächsten beiden Fragen im Fragebogen wollen unmittelbar jene Eigenschaften herausfinden, die als die größten Puscher für eine Akzeptanz oder als die *stärksten KO-Kriterien gegen eine Akzeptanz* wirken. Hier muss der Teilnehmer sich festlegen:

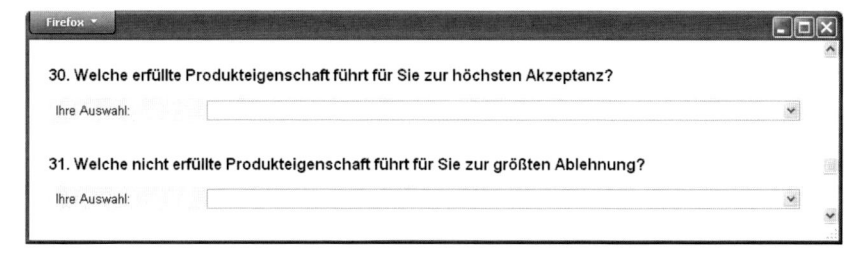

Firefox	
30. Welche erfüllte Produkteigenschaft führt für Sie zur höchsten Akzeptanz?	
Ihre Auswahl:	
31. Welche nicht erfüllte Produkteigenschaft führt für Sie zur größten Ablehnung?	
Ihre Auswahl:	

Abbildung 33: Direkte Abfrage der „Puscher" und KO-Kriterien für die Akzeptanz

Damit bei der Befragung auch kein wichtiges Produkt-Feature vergessen wurde, erhält der Teilnehmer bei der nächsten Abfrage noch die Möglichkeit auf andere Eigenschaften aufmerksam zu machen. Diese Angaben werden auch bei der Auswertung der Ergebnisse berücksichtigt (siehe Punkt 6.3).

Abbildung 34: Abfrage von fehlenden Produkteigenschaften

Ermittlung der Nutzungsabsicht und Akzeptanz laut Technologie Akzeptanzmodell für Mobile Services

Wie schon bei der Erklärung des Forschungsdesign angegeben, berücksichtigt der Fragebogen auch das *Technologie Akzeptanzmodell für Mobile Services* (TAMM) von Kaasinen (2005). Hier geht es ganz konkret um die Ermittlung der allgemein wahrgenommen *Usability (Perceived Ease of Use)*, *Utility (Perceived Value)* und *Security&Trust* und deren Einfluss auf die Nutzungsabsicht (BI). Die Erfassung sieht wie folgt aus:

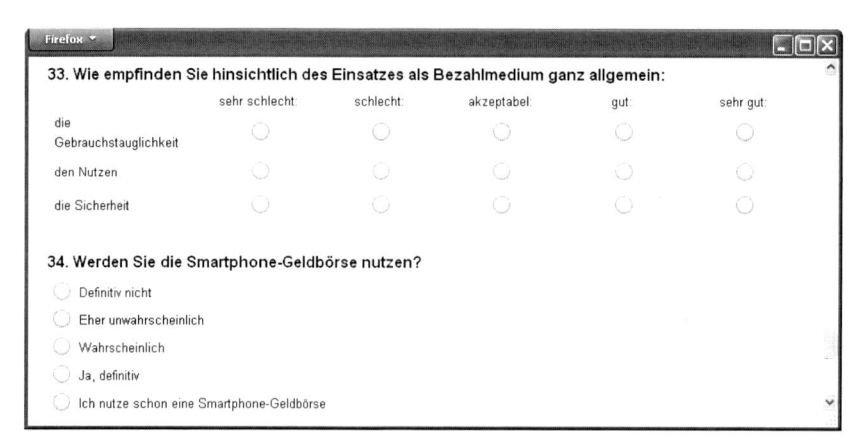

Abbildung 35: Ermittlung der Produktempfindung und Nutzungsabsicht

Abfrage von sozio-demographischen Daten der Teilnehmer

Zur Bestimmung deren Einfluss (Moderatorvariablen) auf die Antworten nimmt der Fragebogen folgende Abfragen auf:

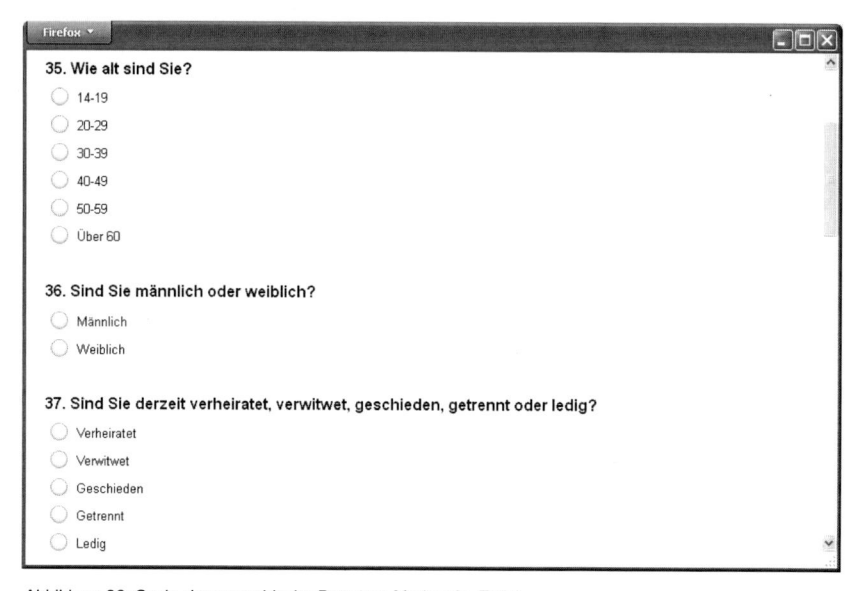

35. Wie alt sind Sie?
- 14-19
- 20-29
- 30-39
- 40-49
- 50-59
- Über 60

36. Sind Sie männlich oder weiblich?
- Männlich
- Weiblich

37. Sind Sie derzeit verheiratet, verwitwet, geschieden, getrennt oder ledig?
- Verheiratet
- Verwitwet
- Geschieden
- Getrennt
- Ledig

Abbildung 36: Sozio-demographische Benutzer-Merkmale, Teil 1

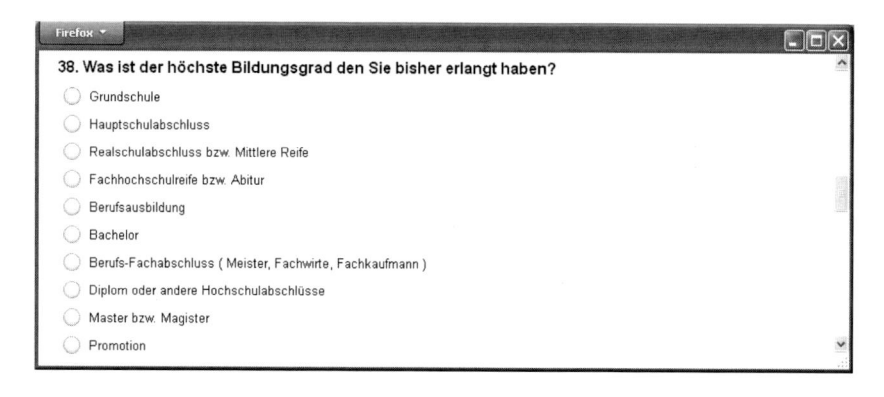

38. Was ist der höchste Bildungsgrad den Sie bisher erlangt haben?
- Grundschule
- Hauptschulabschluss
- Realschulabschluss bzw. Mittlere Reife
- Fachhochschulreife bzw. Abitur
- Berufsausbildung
- Bachelor
- Berufs-Fachabschluss (Meister, Fachwirte, Fachkaufmann)
- Diplom oder andere Hochschulabschlüsse
- Master bzw. Magister
- Promotion

Abbildung 37: Sozio-demographische Benutzer-Merkmale, Teil 2

Abfrage der Nutzung von Konkurrenz-Produkten

Der Fragebogen soll noch zusätzlich die Nutzung von Konkurrenz-Produkten ausforschen:

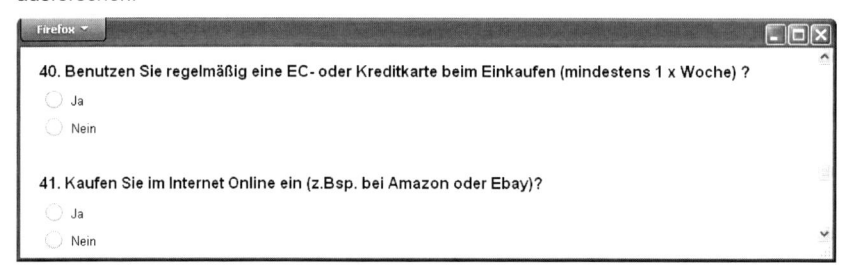

```
Firefox
40. Benutzen Sie regelmäßig eine EC- oder Kreditkarte beim Einkaufen (mindestens 1 x Woche) ?
   ○ Ja
   ○ Nein

41. Kaufen Sie im Internet Online ein (z.Bsp. bei Amazon oder Ebay)?
   ○ Ja
   ○ Nein
```

Abbildung 38: Abfrage der Nutzung von Konkurrenz-Produkten

Die Abfrage 41 ist der letzte Baustein des Fragebogens. Der komplette Fragenbogen kann dem Anhang „ entnommen werden.

Pre-Test des Fragebogens mit Endanwender aus jeder Altersgruppe

Die Pre-Tests mit den unter Kapitel 4.3.1 genannten Teilnehmern fanden nach folgendem Zeitplan statt:

Terminplan des Pre-Test	
Name	Zeitraum
Pre-Tester 1	23.2 - 2.3.2013
Pre-Tester 2	23.2 - 2.3.2013
Pre-Tester 3	23.2 - 2.3.2013
Pre-Tester 4, Pre-Tester 5	23.2 - 2.3.2013
Pre-Tester 6	23.2 - 2.3.2013

Tabelle 20: Zeitplanung für die Pre-Tests

Ihnen wurde eine Mail mit folgendem Inhalt geschickt:

Die Untersuchung wird mit folgenden Link öffnen:

https://de.surveymonkey.com/s/Mobile_Wallet

Ich bitte Sie folgende Fragen mir per E-Mail kurz schriftlich zu beantworten:

a.) Wie lange hat die Befragung insgesamt gedauert?

b.) Ist die Eingangs-Erklärung der Befragung verständlich?

c.) Welche Fragen sind unverständlich und warum?

d.) Könnten die persönlichen Angaben bei einigen Befragten Angst wegen Missbrauch erwecken?

e.) Gibt es sonstige Bemerkungen (z.Bsp. zu Anzahl der Fragen, Fragelogik)?

Die Antworten wurden anonymisiert und ausgewertet. Der Pre-Test zeigt, dass die Befragungsdauer im Durchschnitt bei ca. 20 Minuten lag. Die Eingangserklärung und die Fragen/Produktkriterien selber sind insgesamt verständlich. Eine Angst vor Missbrauch wird nicht erzeugt. Jedoch ist der Aufbau der Fragelogik nicht für jedermann direkt verständlich. Hier muss am Abfrage-Layout/Text nochmals nachgearbeitet werden. Dies fand während der Pre-Tests schon statt.

4.4.2 Bereitstellung des Fragebogen in einer Online-Umfrage

Der oben konstruierte Fragebogen wurde nun im Rahmen einer Online-Umfrage benutzt. Die technische Basis stellte hierzu das *Online-Umfrage-Portal von SurveyMonkey* (2013) zur Verfügung. Für das Anlegen und Gestalten der einzelnen Fragen und des Gesamtlayout lag ein umfangreiches Toolset vor. Die Befragung erhielt den Titel *Produktkriterien einer Smartphone-Geldbörse zur Zufriedenheit und Akzeptanz der Endanwender*. Ein WEB-Server stellte die Befragung mittels HTML-Technologie über eine gesicherte Internetverbindung (https-Protokoll) bereit. Die URL lautete: https://de.surveymonkey.com/s/Mobile_Wallet. Vor dem eigentlichen Fragebogen erklärte eine Eingangsseite noch detailliert die Befragung und deren Ablauf. Die obige URL wurde nun als Link per Mail während des Befragungszeitraums an die Teilnehmer der Stichprobe verschickt. Die Befragung startet am 03.03.2013 und endete am 01.05.2013. Am Ende der Umfrage fand ein Herunterladen aller Antworten im Excel-Format statt. Die Downloads beinhalteten je nach Auswertungsvorhaben verschiedene Datenpakete („Gesamt_ohne_Filter", „Filter_für_die_Altergruppen_ab_40 Jahre" usw.). Alle Datenpakete landeten in einem Gesamt-Excel-Sheet, in dem die unter Punkt 5. beschriebene Datenanalyse durchgeführt wurde.

4.5 Objektivität, Validität und Reliabilität

Laut Herrmann et al. (2000, p. 23) und Müller (2000, p. 144 f.) müssen die Messergebnisse der Befragung den Gütekriterien der Objektivität, Validität und Reliabilität genügen, damit deren Aussagen verlässlich sind. Hölzing (2008, p. 128) versteht unter der *Objektivität* des Messvorgangs die Unabhängigkeit der Messergebnisse vom Durchführenden der Messung. Die Messung dieser Studie beginnt streng genommen schon beim Ableiten der Produktanforderungen bzw. der zu messenden Produktkriterien (Variablen) in der *Nutzungskontext-Analyse* (siehe Kapitel 3). Dieser Vorgang entspricht den objektiven Normen des *Usability-Engineering*. Danach findet mittels 8 Experten eine weitere sachliche Selektion der abzufragenden Kriterien statt. Das darauf folgende standardisierten Vorgehen der Kano-Methode (siehe Punkt 2.1.3) ist aus *Objektivität-Sicht* äußerst zufrieden stellend, da durch das festgelegte Fragebogen-Format (siehe Punkt 4.4.1: funktionale, dysfunktionale Fragen, fest definierte Antworten) und den klaren Auswertungsregeln in der Datenanalyse nach Herrmann und Homburg (2000, p. 23) insgesamt eine hohe Durchführungsobjektivität, Auswertungsobjektivität und Interpretationsobjektivität gegeben sind. Für Bortz und Döring (2006, p. 200) gibt die *Validität* eines Tests an, wie gut der Test in der Lage ist, genau das zu messen, war er zu messen beabsichtigt. Hier sind auch wieder die *Nutzungskontext-Analyse* und die Experten-Interviews die Garanten für die inhaltliche Validität. Zudem hat Sauerwein (2000) hat einen Nachweis über die Validität der Kano - Methode durchgeführt. Dabei waren die Ergebnisse der Validität-Prüfung grundsätzlich positiv (ebd., p. 187). Unter der *Reliabilität* (Zuverlässigkeit) verstehen Berekoven et. al (2004, p. 89) den Grad der der formalen Genauigkeit einer Messung. Ein Messinstrument gilt dann als reliabel, wenn die Messwerte präzise und stabil und somit bei wiederholter Messung reproduzierbar sind (ebd., p.89). Diesen Sachverhalt überprüfte Sauerwein (2000, pp. 68-90) bei der Kano-Methode mit einer *Test-Retest-Reliabilität*. Er sieht sie im Ganzen betrachtet, gemäß den klassischen Testtheorien, nur als moderat an (ebd., p. 190). Er findet dennoch, dass sie in der Interpretationsstabilität für den praktischen Gebrauch sehr zufriedenstellend ist (ebd., p. 190). Zusammenfassend kann man der Mess-Methodik dieser Forschungsarbeit eine hohe Objektivität, Validität und Reliabilität bescheinigen.

4.6 Hypothesen

Auf der Grundlage der oben betrachteten Literatur, Studien, Kontext-Analyse und unter Berücksichtigung der *Kano-Theorie*, des *Technologie Akzeptanzmodell für Mobile Services* sowie der Experteninterviews leiten sich folgende Zusammenhangshypothesen ab:

Einfluss der Produktkriterien auf die (Un-)/Zufriedenheit
H1:
Im Durchschnitt stiften die Produktkriterien zur Security (Nr. 20 – 21) bei Nicht-Erfüllung die größte Unzufriedenheit.
H2:
Im Durchschnitt erreichen die Produktkriterien zur Utility (Nr. 10 – 19) bei Erfüllung die größte Zufriedenheit.

H3:

Die Produktkriterien zur Gebrauchstauglichkeit (Nr. 1 – 9) stellen die meisten Produkteigenschaften mit keinem besonderen Einfluss auf die Zufriedenheit oder Unzufriedenheit (Indifferente Attribute).

H4:

Das Produktkriterium Nr. 12 („Mobile Ticketing") führt zur größten Begeisterung bei den Teilnehmern.

Wichtigkeit der Produktkriterien

H5:

Die Produktkriterien zur Security (Nr. 20 – 27) haben durchschnittlich die höchste Wichtigkeit.

Akzeptanz/Ablehnung und Nutzungsabsicht

H6:

Das Produktkriterium Nr. 1 „Anwendbar in allen Geschäften" ist aus Sicht der Befragten die Produkteigenschaft, welche bei Erfüllung zur höchsten Akzeptanz führt.

H7:

Das Produktkriterium Nr. 20 "Die Aktivierung der Smartphone-Geldbörse kann nur durch vorheriger Eingabe eines Kennworts (PIN) geschehen" ist aus Sicht der Befragten die Produkteigenschaft, welche bei Nicht-Erfüllung zur größten Ablehnung führt.

H8:

Eine schlecht/moderat empfundene Security führt zu einer negativeren Nutzungsabsicht als eine schlecht/moderat empfundene Utility oder Usability.

Einfluss des Alters der Befragten

H9:

Personen bis zu einem Alter von 40 Jahren sehen mehr Begeisterungsattribute in der Mobile Wallet als ältere Teilnehmer ab 40 Jahre.

H10:

Personen ab einem Alter von 40 Jahren sehen mehr Muss-Attribute bei der Mobile Wallet als jüngere Teilnehmer bis zum einem Alter von 40 Jahre.

Die folgende Tabelle listet nochmals alle Hypothesen auf:

Nr.	Zusammenhangshypothesen:
1.	Die Produktkriterien zur Security (Nr. 20 – 21) stiften durchschnittlich bei Nicht-Erfüllung die größte Unzufriedenheit.
2.	Die Produktkriterien zur Utility (Nr. 10 – 19) erreichen durchschnittlich bei Erfüllung die größte Zufriedenheit.
3.	Die Produktkriterien zur Usability (Nr. 1 – 9) stellen die meisten Produkteigenschaften mit keinem besonderen Einfluss auf die Zufriedenheit oder Unzufriedenheit.
4.	Das Produktkriterium Nr. 12 („Mobile Ticketing") führt zur größten Begeisterung bei den Teilnehmern.
5.	Die Produktkriterien zur Security (Nr. 20 – 27) haben durchschnittlich die höchste Wichtigkeit.
6.	Das Produktkriterium Nr. 1 „Anwendbar in allen Geschäften" ist aus Sicht der Befragten die Produkteigenschaft, welche bei Erfüllung zur höchsten Akzeptanz führt.
7.	Das Produktkriterium Nr. 20 "Die Aktivierung der Smartphone-Geldbörse kann nur durch vorheriger Eingabe eines Kennworts (PIN) geschehen" ist aus Sicht der Befragten die Produkteigenschaft, welche bei Nicht-Erfüllung zur größten Ablehnung führt.
8.	Eine schlecht/moderat empfundene Security führt zu einer negativeren Nutzungsabsicht als eine schlecht/moderat empfundene Utility oder Usability.
9.	Personen bis zu einem Alter von 40 Jahren sehen mehr Begeisterungsattribute in der Mobile Wallet als ältere Teilnehmer ab 40 Jahre.
10.	Personen ab einem Alter von 40 Jahren sehen mehr Basisattribute bei der Mobile Wallet als jüngere Teilnehmer bis zum einem Alter von 40 Jahre.

Tabelle 21: Auflistung aller Hypothesen (eigene Tabelle)

5 Datenanalyse

Die Datenanalyse erstellt zuerst mit den Messwerten bzw. Antworten bei den funktionalen Fragen (*Produktkriterium ist erfüllt*) einfache deskriptive Statistiken. Diese Auswertungen haben schon allein einige Aussagekraft. Anschließend startet unter Berücksichtigung der Antworten zu den dysfunktionalen Fragen (*Produktkriterium ist nicht erfüllt*) die Kano-Analyse. Der Zweck der Datenanalyse ist die Be- oder Widerlegung der oben getroffenen Hypothesen, die Beantwortung der Forschungsfrage und weitere Erkenntnis-Gewinne für die Interessentengruppe dieser Untersuchung.

5.1 Beschreibung des Datasets

Bevor das Datenmaterial präsentiert wird, müssen noch folgende Abkürzungen und Bezeichnungen für die deskriptiven Statistiken und der Kano-Analyse erklärt werden:

- X_n = eine gemessene Variabel (z. Bsp.: X63 = Nutzungsabsicht);
- x_n = ein Messwert einer Variabel (z. Bsp.: x_3 = „Das ist mir egal");
- Datensatz   = speichert, beinhaltet alle Variablen

Grundsätzlich teilt sich der Datensatz dieser Untersuchung in zwei Teile auf . Der erste Teil nimmt die Messwerte bzw. Antworten zu den **erfüllten** Produkteigenschaften, der Wichtigkeit, der Akzeptanz, der Nutzungsabsicht und den Benutzer-Merkmalen auf. Er sieht wie folgt aus:

1. Teil des Datensatz	
Nr:	Erfüllte Produktkriterien und andere abgefragte Variablen
X01	Smartphone-Geldbörse ist in allen Geschäften nutzbar
X02	Man kann jedes Smartphone als Geldbörse benutzen
X03	Keine Abhängigkeit von Telekommunikations-Unternehmen
X04	Installation und Registrierung bequem von überall
X05	Minimalistische und nutzungsbasierte Benutzeroberfläche
X06	Der verfügbare Betrag ist an Geldausgabe-Automaten oder in Geschäften aufladbar
X07	Kontaktlose Bezahlung von Kleinbeträgen (z. Bsp. < 25 Euro) ohne Kennwort-Abfrage
X08	Die Smartphone-Geldbörse funktioniert auch ohne Strom (leerer Akku) und Internet-Xerbindung
X09	Navigationsfunktion zum Aufsuchen von Geschäften
X10	Schnelle Bezahlung an den Kassen und an Automaten, Reduktion der Wartezeiten
X11	Beauftragung und Bezahlung von Waren an Geschäfts-Regalen, Werbeplakaten, Schaufenstern
X12	Tickets erwerben (z. Bsp. für Bus oder Parkhaus), aufbewahren und anwenden
X13	Übersicht mit den zuletzt ausgeführten Bezahlungen
X14	Flexible Auswahl der EC- oder Kreditkarten-Daten zur Bezahlung und Abrechnung
X15	Benutzung von PayPal als Bezahl- und AbrechnungsXariante
X16	Automatische Berücksichtigung der Daten von Kunden-, Bonus-, Geschenk- und Gutscheinkarten
X17	Bezahlung von Waren beim Internet Online – Shopping
X18	Gegenseitige Zusendungen von Zahlungen ist möglich
X19	Übernahme weiterer Informationen (elektronischer Personalausweis) und Funktionen (Schlüssel)
X20	Aktivierung nur durch vorheriger Eingabe eines Kennwort (PIN)
X21	Kein Ausspähen von sensiblen Benutzerdaten ist möglich
X22	Sensible Daten liegen in einem geschützten Bereich auf dem Smartphone und nicht im Internet
X23	Garantierte Anonymität der Zahlungen
X24	Direkte DeaktiXierungsmöglichkeit (Internet / Rufnummer) bei Verlust oder Diebstahl
X25	Freikonfigurierbare Kennwort-Abfrage bei der Höhe von Kleinbeträge
X26	Beratung, Vertrieb und Service findet ausschließlich über Banken statt
X27	Zertifizierung des gesamten AbwicklungsXorgang von einer unabhängigen Gesellschaft
X28	Die Nutzung der Smartphone-Geldbörse ist umsonst
X29 - X56	Wichtigkeit der einzelnen Produktkriterien (X21 - X28)
X57	Erfülltes Produktkriterium (X21-X28) was zur höchsten Akzeptanz führt
X58	Nicht erfülltes Produktkriterium (X21-X28) was zur größter Ablehnung führt
X59	Fehlende Produkteigenschaft
X60	Empfundene Gebrauchstauglichkeit
X61	Empfundener Nutzung
X62	Empfundene Sicherheit
X63	Nutzungsabsicht
X64	Altersgruppe
X65	Geschlecht
X66	Familienstand
X67	Bildung
X68	Smartphone - Besitz
X69	EC - / Kreditkarten - Nutzung
X70	Online - Kaufverhalten

Tabelle 22: 1. Teil des Datensatzes

Der 2. Teil wird nur für die Kano-Analysen benötigt und berücksichtigt die Messwerte bzw. Antworten zu den **nicht erfüllten** Produkteigenschaften. Die Inhalte stellen sich wie folgt dar:

2. Teil des Datensatz	
Nr:	Nicht erfüllte Produktkriterien
X71	Smartphone-Geldbörse ist nicht in allen Geschäften nutzbar
X72	Man kann nicht jedes Smartphone als Geldbörse benutzen
X73	Es existiert eine Abhängigkeit zu Telekommunikations-Unternehmen
X74	Installation und Registrierung nicht bequem von überall
X75	Keine minimalistische und nutzungsbasierte Benutzeroberfläche
X76	Der verfügbare Betrag ist nicht an Geldausgabe-Automaten oder in Geschäften aufladbar
X77	Keine Kontaktlose Bezahlung von Kleinbeträgen (z. Bsp. < 25 Euro) ohne Kennwort-Abfrage
X78	Die Smartphone-Geldbörse funktioniert nicht ohne Strom (leerer Akku) und Internet-Xerbindung
X79	Keine Navigationsfunktion zum Aufsuchen von Geschäften
X80	Keine schnelle Bezahlung an den Kassen und an Automaten, keine Reduktion der Wartezeiten
X81	Keine Beauftragung und Bezahlung von Waren an Geschäfts-Regalen, Werbeplakaten, Schaufenstern
X82	Keine Tickets erwerben (z. Bsp. für Bus oder Parkhaus), aufbewahren und anwenden
X83	Keine Übersicht mit den zuletzt ausgeführten Bezahlungen
X84	Keine flexible Auswahl der EC- oder Kreditkarten-Daten zur Bezahlung und Abrechnung
X85	Keine Benutzung von PayPal als Bezahl- und AbrechnungsXariante
X86	Keine Berücksichtigung der Daten von Kunden-, Bonus-, Geschenk- und Gutscheinkarten
X87	Keine Bezahlung von Waren beim Internet Online – Shopping
X88	Kein gegenseitige Zusendung von Zahlungen ist möglich
X89	Keine Übernahme weiterer Informationen (elektronischer Personalausweis)/Funktionen (Schlüssel)
X90	Aktivierung nur durch vorheriger Eingabe eines Kennwort (PIN)
X91	Ausspähen von sensiblen Benutzerdaten ist möglich
X92	Sensible Daten liegen in einem geschützten Bereich im Internet
X93	Keine Anonymität der Zahlungen
X94	Keine direkte Deaktivierungsmöglichkeit (Internet/Rufnummer) bei Verlust oder Diebstahl
X95	Keine freikonfigurierbare Kennwort-Abfrage bei der Höhe von Kleinbeträge
X96	Beratung, Vertrieb und Service findet nicht ausschließlich über Banken statt
X97	Zertifizierung des gesamten AbwicklungsXorgang von einer unabhängigen Gesellschaft
X98	Die Nutzung der Smartphone-Geldbörse ist nicht umsonst

Tabelle 23: 2. Teil des Datensatzes

5.2 Plausibilitätscheck und Güte des Fragebogen-Design

Insgesamt starteten 110 Teilnehmer die Befragung. Davon führten aber nur 100 Personen sie zu Ende. Da alle Abfragen, bis auf die Frage zu Variabel X59 („Fehlen einer Produkteigenschaft"), beantwortet werden mussten (Pflichtfelder), sind die 100 Datensätze komplett und ohne Lücke. Eine inhaltliche Plausibilitätsprüfung dieser Datensätze findet bei den Kano-Analysen automatisch über die Antwort-Kategorie Q („fragwürdig") statt. Das Fragebogen-Design war insgesamt sehr zufriedenstellend, da es durchschnittlich nur 1,4 % fragwürdige Antworten gab.

5.3 Deskriptive Statistiken

Ziel der deskriptiven Statistiken ist es, die erhobenen Daten zu strukturieren und zu beschreiben (WiWi4u 2007).

Univariate Analysen

Bei den *univarianten* Methoden handelt es sich um statistische Verfahren bei denen nur eine Variable untersucht wird (Bortz und Döring 2006, p. 743). Dabei werden geeignete Kennzahlen (z. B. Häufigkeit, Mittelwert, Median, Standardabweichung, IQR) oder Diagramme (z. B. Balkendiagramm, Histogramm, Boxplot, Pareto-Diagramm) für die Merkmalsausprägung der Variabel berechnet bzw. angezeigt (Bredner 2013). Der folgende Text zeigt Auswertungen einzelner wichtiger Variablen für die Überprüfung der Hypothesen.

Häufigkeitsverteilung der Antworten bei den erfüllten Produktkriterien:
Die Variablen X1 – X28 nehmen die Antworten der Teilnehmer bei Erfüllung der Produktkriterien auf (siehe 1. Teil des Datensatz). Sie können folgende Messwerte besitzen:

- x_1 = Das würde mich sehr freuen
- x_2 = Das setze ich voraus
- x_3 = Das ist mir egal
- x_4 = Das könnte ich eventuell in Kauf nehmen
- x_5 = Das würde mich sehr stören
- x_6 = Das kann nicht beurteilen

In der folgenden Tabelle wird die Häufigkeitsverteilung der verschiedenen Messwerte pro Produktkriterium ausgegeben. Die Auswertung wird nach der Anzahl von x_1 sortiert:

Variabel	X_1	X_2	X_3	X_4	X_5	X_6	Max %
X12 Mobile Ticketing	76	16	2	3	2	1	76,00
X10 Reduktion der Wartezeiten an Kassen	72	23	3	1	0	1	72,00
X06 Aufladbar an Geldausgabe-Automaten	64	21	11	1	1	2	64,00
X01 Anwendbar in allen Geschäften	59	20	17	2	1	1	59,00
X08 Mit leeren Akku einsetzbar	59	10	13	2	11	5	59,00
X16 Mobile Couponing	58	10	23	2	6	1	58,00
X09 Navigationsfunktion	55	13	25	0	6	1	55,00
X28 Kostenlose Nutzung	54	42	4	0	0	0	54,00
X18 Gegenseitige Zahlungen	52	8	32	2	4	2	52,00
X15 Benutzung von PayPal	50	12	27	4	3	4	50,00
X25 Konfigurierbare Höhe der Kleinbeträge	49	23	18	3	5	2	49,00
X11 Kauf an Regalen, Plakaten usw.	45	2	34	4	5	10	45,00
X17 Bezahlung beim Online – Shopping	45	20	28	2	2	3	45,00
X14 Nutzung von EC-/Kreditkarten-Daten	44	18	24	4	9	1	44,00
X05 Minimal, nutzungsbasierte Interface	43	37	16	4	0	0	43,00
X03 Keine Abhängigkeit zu TK-Konzernen	37	42	10	3	6	2	42,00
X04 Installation von überall	34	38	11	5	11	1	38,00
X19 Einsatz als elektr. Schlüssel usw.	34	2	31	4	23	6	34,00
X27 Zertifizierung durch u. Gesellschaft	34	55	8	0	1	2	55,00
X07 Kontaktlose Bezahlung Kleinbeträge	31	11	9	3	45	1	45,00
X02 Jedes Smartphone ist nutzbar	31	47	14	4	3	1	47,00
X23 Garantierte Anonymität der Zahlungen	25	50	3	3	12	7	50,00
X13 Übersicht der Bezahlungen	25	70	2	0	2	1	70,00
X22 Sensible Daten auf dem Smartphone	20	46	9	4	11	10	46,00
X26 Banken als zentrale Anbieter	18	32	33	3	8	6	33,00
X21 Kein Ausspähen möglich	17	81	1	0	0	1	81,00
X24 Direkte Deaktivierungsmöglichkeit	16	82	0	0	2	0	82,00
X20 Aktivierung nur durch PIN	16	79	2	2	0	1	79,00

Tabelle 24: Häufigkeitsverteilung der Antworten bei den erfüllten Produktkriterien

Der Wert *Max %* gibt den prozentualen Anteil des stärksten Merkmals von allen gemessenen Merkmalen an. Die Ermittlung einer Lage - (z. Bsp. Median) oder Streuungskennzahl (z. Bsp. Varianz) ist hier nicht möglich bzw. sinnvoll. Die Tabelle bestätigt oder widerlegt die Hypothese H4.

Wichtigkeitseinstufungen der einzelnen Produktkriterien:

Die Messwerte der Variablen X29 - X56 sind die unterschiedlichen Wichtigkeitseinstufungen der Endanwender zu den verschiedenen Produktkriterien. Sie besitzen folgendes Messniveau:

- x_0 = Beurteilung nicht möglich
- x_1 = völlig unwichtig, x_2 … x_6 = äußert wichtig

In der Rangfolge von x_1 bis x_6 nimmt die Wichtigkeit, bzw. die Gewichtung (1 bis 6) der einzelnen Produktkriterien zu. In der nächsten Auswertung wird pro Produktkriterium die durchschnittliche Gewichtung und die Summe der Messwerte x_1 - x_6 ausgewiesen. Die Anzeige wird von der höchsten bis zu niedrigsten Gewichtung sortiert ausgegeben:

Variabel:	Durchschnitt: X_1 - X_6	Summe: X_1 - X_6
X24 Direkte Deaktivierungsmöglichkeit	5,72	572
X21 Kein Ausspähen möglich	5,69	569
X20 Aktivierung nur durch PIN	5,35	535
X28 Kostenlose Nutzung	5,04	504
X03 Keine Abhängigkeit zu TK-Konzernen	4,96	496
X23 Garantierte Anonymität der Zahlungen	4,93	493
X13 Übersicht der Bezahlungen	4,89	489
X27 Zertifizierung durch u. Gesellschaft	4,88	488
X05 Minimal, nutzungsbasierte Interface	4,65	465
X10 Reduktion der Wartezeiten an Kassen	4,62	462
X22 Sensible Daten auf dem Smartphone	4,57	457
X04 Installation von überall	4,39	439
X02 Jedes Smartphone ist nutzbar	4,30	430
X01 Anwendbar in allen Geschäften	4,28	428
X25 Konfigurierbare Höhe der Kleinbeträge	4,26	426
X12 Mobile Ticketing	4,23	423
X06 Aufladbar an Geldausgabe-Automaten	4,10	410
X14 Nutzung von EC-/Kreditkarten-Daten	3,83	383
X26 Banken als zentrale Anbieter	3,63	363
X17 Bezahlung beim Online – Shopping	3,50	350
X08 Mit leeren Akku einsetzbar	3,49	349
X15 Benutzung von PayPal	3,23	323
X09 Navigationsfunktion	3,19	319
X18 Gegenseitige Zahlungen	3,09	309
X16 Mobile Couponing	3,06	306
X07 Kontaktlose Bezahlung Kleinbeträge	2,77	277
X19 Einsatz als elektr. Schlüssel usw.	2,49	249
X11 Kauf an Regalen, Plakaten usw.	2,46	246

Tabelle 25: Wichtigkeitseinstufungen der einzelnen Produktkriterien

Diese Auswertung dient zur Verifizierung der Hypothese H5.

Höchste Akzeptanz/Ablehnung bei Erfüllung/Nicht-Erfüllung:

Der Messwert X_1 gibt die Anzahl der Benennungen in den Variablen X57 (erfüllt), X58 (nicht erfüllt) pro Produktkriterium wieder. Die nächste Tabelle zeigt das Ergebnis (höchster Wert ist schwarz markiert):

Variablen:	X57-> X_1:	X58-> X_1:
X01 Anwendbar in allen Geschäften	**24**	**6**
X02 Jedes Smartphone ist nutzbar	5	1
X03 Keine Abhängigkeit zu TK-Konzernen	2	5
X04 Installation von überall	0	3
X05 Minimal, nutzungsbasierte Interface	2	0
X06 Aufladbar an Geldausgabe-Automaten	0	1
X07 Kontaktlose Bezahlung Kleinbeträgen	0	8
X08 Mit leeren Akku einsetzbar	4	1
X09 Navigationsfunktion	1	1
X10 Reduktion der Wartezeiten an Kassen	8	2
X11 Kauf an Regalen, Plakaten usw.	0	2
X12 Mobile Ticketing	3	0
X13 Übersicht der Bezahlungen	2	4
X14 Nutzung von EC-/Kreditkarten-Daten	0	0
X15 Benutzung von PayPal	1	1
X16 Mobile Couponing	0	2
X17 Bezahlung beim Online – Shopping	1	3
X18 Gegenseitige Zahlungen	0	2
X19 Einsatz als elekt. Schlüssel usw.	0	3
X20 Aktivierung nur durch PIN	6	6
X21 Kein Ausspähen möglich	**19**	**26**
X22 Sensible Daten auf dem Smartphone	2	2
X23 Garantierte Anonymität der Zahlungen	6	4
X24 Direkte Deaktivierungsmöglichkeit	3	5
X25 Konfigurierbare Höhe der Kleinbeträge	0	0
X26 Banken als zentrale Anbieter	1	2
X27 Zertifizierung durch u. Gesellschaft	6	3
X28 Kostenlose Nutzung	4	7

Tabelle 26: Höchste Akzeptanz/Ablehnung bei Erfüllung/Nicht-Erfüllung

Mit dieser Auswertung können die Hypothesen H6 und H7 überprüft werden.

Produkteigenschaften, die den Befragten fehlten:

Diese Angaben nimmt die Variabel X59 (Kann-Feld) auf. Von allen Befragten gaben 4 folgende Rückmeldungen:

- Rückerstattungsmöglichkeiten bei Unstimmigkeiten (Nachweisbarkeit/rechtliche Sicherheit) müssen gegeben sein.;
- Für jedes Alter muß sie nutzbar sein (mit Einstimmung des Erziehungsberechtigten);
- Eine Anzeige der verfügbaren Geldmenge sollte vorhanden sein;
- Die Sicherheit der sensiblen Daten muss absolut gewährleistet sein (Diebstahl des Handys, Verbindung) und die Daten dürfen nicht an Dritte weitergegeben werden;

Empfinden der Usability, der Utility und der Security:

Hier konnte der Teilnehmer zwischen folgenden Skalenwerten auswählen:

- x_1 = sehr gut, x_2 = gut, x_3 = akzeptabel

- x_4 = schlecht, x_5 = sehr schlecht

Die Variablen X60-X62 nehmen die Messwerte auf. Die nachstehenden Abbildungen zeigen das Ergebnis der Befragung. Hierbei werden die prozentualen Anteile der Skalenwerte an der Gesamtanzahl der Bewertung angegeben:

X60 Wahrgenomme Usability (%)

- X1 (%) sehr gut: 19
- X2 (%) gut: 45
- X3 (%) akteptabel: 26
- X4 (%) schlecht: 7
- X5 (%) sehr schlecht: 3

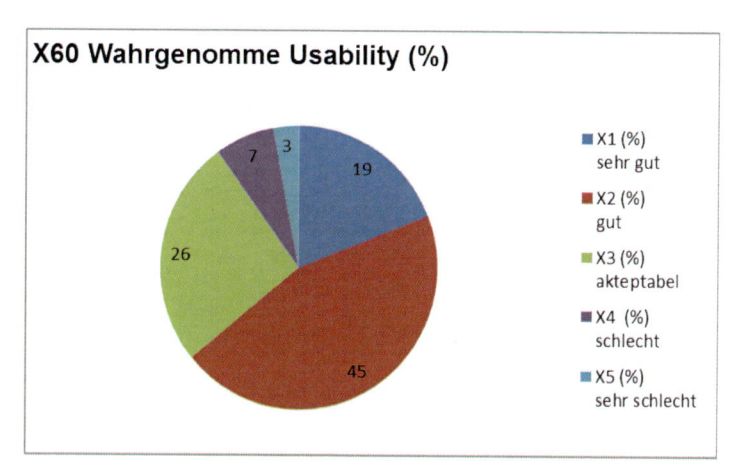

Abbildung 39: Wahrgenommene Usability

X61 Wahrgenommene Utility (%)

- X1 (%) sehr gut: 29
- X2 (%) gut: 39
- X3 (%) akteptabel: 25
- X4 (%) schlecht: 5
- X5 (%) sehr schlecht: 2

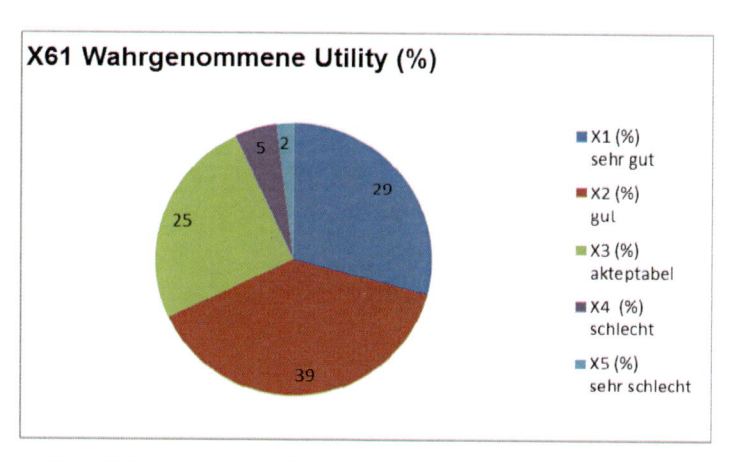

Abbildung 40: Wahrgenommene Utility

X62 Wahrgenommene Security (%)

- X1 (%) sehr gut: 8
- X2 (%) gut: 16
- X3 (%) akteptabel: 40
- X4 (%) schlecht: 27
- X5 (%) sehr schlecht: 9

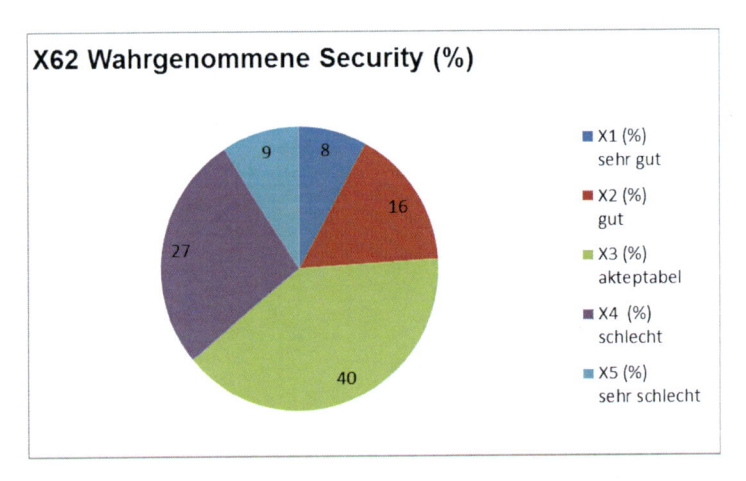

Abbildung 41: Wahrgenommene Security

Nutzungsabsicht und aktuelle Nutzung der Konkurrenzprodukte:

Die Skalenwerte der Messwerte der Variablen sind:

X63 (Nutzungsabsicht):

- x_1 = Definitiv nicht
- x_2 = Eher unwahrscheinlich
- x_3 = Wahrscheinlich
- x_4 = Ja, definitiv
- x_5 = Ich nutze schon die Smartphone-Geldbörse

X69:

- x_6 = Wöchentliche Nutzung der EC-/Kreditkarte

X70:

- x_7 = Betreibt Online-Shopping

Die folgende Abbildung zeigt jeweils die prozentualen Anteile der Skalenwerte an der Gesamtanzahl der Antworten:

Nutzungsabsicht für die Mobile Wallet (X63) und aktuelle Nutzung von Konkurrenzprodukten (X69, X70) in %

■ X1 = Nein, definitiv nicht	7
■ X2 = Eher unwahrscheinlich	29
■ X3 = Wahrscheinlich	52
■ X4 = Ja, definitiv	12
■ X5 = Im Besitz einer Mobile Wallet	0
■ X6 = Wöchentliche Benutzung der EC - / Keditkarte	88
■ X6 = Betreibt Online-Shopping	94

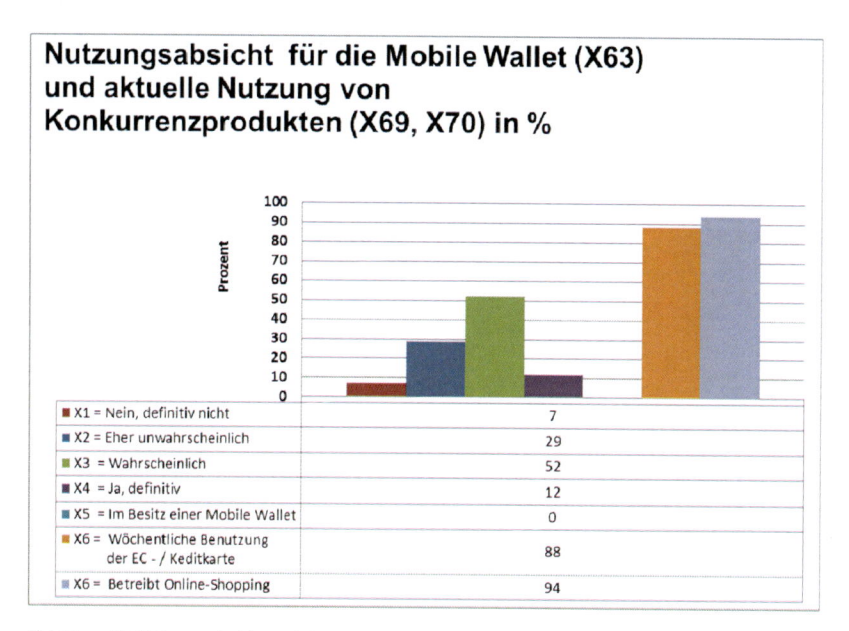

Abbildung 42: Nutzungsabsicht und aktuelle Nutzung der Konkurrenzprodukte

Bivariate Analysen

Laut (Diaz-Bone 2006, p. 62) untersucht die bivariate Analyse den statistischen Zusammenhang zwischen zwei Variablen. Dabei bezieht sich der Begriff *bivariat* auf das gemeinsame Variieren zwei Variablen. Die obigen univariaten Untersuchungen analysierten immer nur die Ausprägungen x_i einer Variabel X von allen Untersuchungsteilnehmern. Jetzt betrachtet man die Kombination der Ausprägungen x_i, y_i zweier Variablen X und Y. Die bivariate Analyse versucht dabei ein Muster in der Verteilung der Ausprägungskombination heraus zu finden (ebd., p. 63).

Allgemeines Produktempfinden nach Altersgruppen und Geschlecht:

Die Variablen zur Altersgruppe und Geschlecht sind X64 und X65. Sie können folgende Messwerte enthalten:

X64:

- x_1 = 14 - 19 Jährige
- x_2 = 20 - 29 Jährige
- x_3 = 30 - 39 Jährige
- x_4 = 40 - 49 Jährige

- x_5 = 50 - 59 Jährige
- x_6 = über 60 Jahre

X65:

- x_7 = männlich
- X_8 = weiblich

Die nachstehende Tabelle zeigt deren Einfluss auf die Usability (X60), Utility (X61) und Security (X63):

Variablen:	y_1 (%) sehr gut	y_2 (%) gut	y_3 (%) akzeptabel	y_4 (%) schlecht	y_5 (%) sehr schlecht
Altersgruppen bis 40 Jahren (x_1 - x_3):					
X60 Empfinden der Usability	20	48	23	5	3
X61 Empfinden der Utility	33	35	23	7	2
X62 Empfinden der Security	5	20	33	32	10
Altersgruppen über 40 Jahren (x_4 - x_6):					
X60 Empfinden der Usability	18	40	30	10	3
X61 Empfinden der Utility	23	45	28	3	3
X62 Empfinden der Security	13	10	50	20	8
Männliche Teilnehmer (x_7):					
X60 Empfinden der Usability	23	50	27	13	0
X61 Empfinden der Utility	30	46	32	4	0
X62 Empfinden der Security	9	20	50	29	5
Weibliche Teilnehmer (x_8):					
X60 Empfinden der Usability	19	53	34	0	9
X61 Empfinden der Utility	38	41	22	9	6
X62 Empfinden der Security	9	16	38	34	19

Tabelle 27: Allgemeines Produktempfinden nach Altersgruppen und Geschlecht

Auswirkung einer schlecht/moderaten Utility/Security/Usability auf die Nutzungsabsicht:

Bei der Bezeichnung schlecht / moderat besitzen die Messwerte von X60 (Usability), X61 (Utility) und X62 (Security) folgende Ausprägungen:

- x_1 = sehr schlecht
- x_2 = schlecht
- x_3 = akzeptabel

Die folgende Auflistung zeigt deren Auswirkung auf die Nutzungsabsicht (X63):

Variabel:	y_1 Definitv nicht (in %)	y_2 Eher unwahrscheinlich (in %)	y_3 Wahrscheinlich (in %)	y_4 Ja, definitiv (in %)
Beim Empfinden einer schlecht/moderaten Utility: X63 Nutzungsabsicht (%)	22	47	28	3
Beim Empfinden einer schlecht/moderaten Security: X63 Nutzungsabsicht (%)	9	34	45	10
Beim Empfinden einer schlecht/moderaten Usability: X63 Nutzungsabsicht (%)	19	46	27	5

Tabelle 28: Auswirkung einer schlecht/moderaten Utility/Security/Usability auf die Nutzungsabsicht

Diese Auswirkungs-Analyse geht auf die Hypothese H8 ein.

5.4 Kano – Analyse

Bei der Kano-Analyse ergeben sich aus der Kombination der Antworten bei Erfüllung (X01-X28, 1. Teil des Datensatz) und Nicht-Erfüllung (X71-X98, 2. Teil des Datensatz) eines Produktkriterium folgende Messwerte, welche zu gleich die Attributklassen bzw. Kategorien darstellen (siehe Punkt 2.1.1):

- x_1 = A (Begeisterungsattribute, attractive)
- x_2 = O (Leistungsattribute, one-dimensional)
- x_3 = M (Basisattribute, must-be)
- x_4 = I (Indifferente Attribute, indifferent)
- x_5 = R (Reverse Attribute, reverse)
- x_6 = Q (Fragwürdig, questionable)
- x_7 = Keine Angabe

Zur besseren Verständnis werden in den folgenden Auswertungen immer direkt die Abkürzungen der Kano-Attribute verwendet (z. Bsp. A für Begeisterungsattribut).

<u>Häufigkeiten der Kano-Attribute pro Produktkriterium</u>
Laut Hölzing (2008, p. 121) stellt die Auswertung nach Häufigkeit der Kano-Attribute die einfachste Form der Datenanalyse und Interpretation dar. Sie bildet die Basis der Kategorie-Zuordnung pro Produktkriterium (X01 – X28). Die Zuordnung kann mittels verschiedener Regeln erfolgen. Hierzu gehört primär die *Modus-Regel* (Klopp 2012, p.4). Bei dieser bestimmt das am häufigsten gewählte Antwort-Attribut letztendlich die

Kategorie der Produkteigenschaft. Sind die Häufigkeiten zweier Antwort-Attribute sehr nahe beisammen oder gleich, dann kann man mit folgender Endscheidungs-Regel arbeiten (Berger et al. 1993, p. 13):

1. Wenn (M + A + O) > (I + Q + R), dann wähle das Maximum von M, A oder O
2. Wenn (M + A + O) < I + Q + R), dann wähle das Maximum von I, Q oder R.

Die erste Tabelle der Kano-Analyse zeigt nun das Ergebnis der Befragung. Die Häufigkeiten werden in Prozent angezeigt (100 % = Gesamtanzahl aller Antwort-Attribute). Pro Kriterium wird auch noch der Prozentsatz der Antworten ohne Beurteilung angezeigt:

Variabel	Kano - Attribute (%)						Keine Ang.	Kat.	Anzahl
	A	O	M	I	R	Q			
Usability Cluster:									
X01 Anwendbar in allen Geschäften	46,00	12,00	11,00	27,00	1,00	1,00	2,00	A	4
X02 Jedes Smartphone ist nutzbar	20,00	11,00	26,00	38,00	2,00	1,00	2,00	I	O	0
X03 Keine Abhängigkeit zu TK-Konzernen	16,00	20,00	32,00	20,00	8,00	0,00	4,00	M	M	1
X04 Installation von überall	21,00	13,00	22,00	25,00	11,00	2,00	6,00	I	I	3
X05 Minimal, nutzungsbasierte Interface	19,00	21,00	21,00	29,00	0,00	0,00	10,00	I	R	1
X06 Aufladbar an Geldausgabe-Automaten	47,00	15,00	10,00	22,00	0,00	1,00	5,00	A	Q	0
X07 Kontaktlose Bezahlung Kleinbeträge	24,00	6,00	6,00	15,00	39,00	2,00	8,00	R		
X08 Mit leeren Akku einsetzbar	38,00	19,00	4,00	18,00	10,00	1,00	10,00	A		
X09 Navigationsfunktion	42,00	11,00	6,00	30,00	6,00	2,00	3,00	A		
Utility Cluster:									
X10 Reduktion der Wartezeiten an Kassen	40,00	27,00	19,00	8,00	0,00	3,00	3,00	A	A	7
X11 Kauf an Regalen, Plakaten usw.	42,00	1,00	0,00	34,00	7,00	1,00	15,00	A	O	0
X12 Mobile Ticketing	59,00	15,00	9,00	12,00	2,00	1,00	2,00	A	M	1
X13 Übersicht der Bezahlungen	13,00	12,00	63,00	9,00	1,00	1,00	1,00	M	I	2
X14 Nutzung von EC-/Kreditkarten-Daten	30,00	12,00	9,00	30,00	12,00	1,00	6,00	A	R	0
X15 Benutzung von PayPal	36,00	13,00	4,00	37,00	3,00	0,00	7,00	A	Q	0
X16 Mobile Couponing	50,00	5,00	7,00	28,00	5,00	2,00	3,00	A		
X17 Bezahlung beim Online – Shopping	28,00	13,00	11,00	35,00	3,00	2,00	8,00	I		
X18 Gegenseitige Zahlungen	46,00	3,00	4,00	37,00	4,00	1,00	5,00	A		
X19 Einsatz als elektr. Schlüssel usw.	29,00	2,00	1,00	32,00	18,00	2,00	16,00	I		
Security & Trust Cluster:									
X20 Aktivierung nur durch PIN	2,00	14,00	70,00	12,00	0,00	0,00	2,00	M	A	1
X21 Kein Ausspähen möglich	2,00	14,00	79,00	2,00	0,00	1,00	2,00	M	O	0
X22 Sensible Daten auf dem Smartphone	5,00	15,00	41,00	13,00	8,00	1,00	17,00	M	M	6
X23 Garantierte Anonymität der Zahlungen	9,00	13,00	48,00	8,00	9,00	3,00	10,00	M	I	1
X24 Direkte Deaktivierungsmöglichkeit	1,00	14,00	79,00	3,00	0,00	3,00	0,00	M	R	0
X25 Konfigurierbare Höhe der Kleinbeträge	30,00	18,00	17,00	25,00	5,00	0,00	5,00	A	Q	0
X26 Banken als zentrale Anbieter	9,00	9,00	24,00	38,00	9,00	1,00	10,00	I		
X27 Zertifizierung durch u. Gesellschaft	12,00	18,00	52,00	11,00	0,00	3,00	4,00	M		
Kosten:									
X28 Kostenlose Nutzung	24,00	28,00	35,00	11,00	0,00	0,00	2,00	M	M	1

Tabelle 29: Häufigkeitsverteilung der Kano-Attribute pro Produktkriterium

Bei der Variable X15 kam die obige Entscheidungsregel 1 zur Anwendung. Pro Cluster zeigt die Tabelle auch die Anzahl der Kategorie-Zuordnungen. Anhand dieser Aufzählung kann die Hypothese H3 bewertet werden.

Segmentspezifische Auswertungen

Die nächsten Tabellen werten die Häufigkeiten der Kano-Attribute pro Produktkriterium nach verschiedenen Segmenten aus. Als erstes wird nach den Altersgruppen (Variabel X64) bis und über 40 Jahre differenziert. Folgendes Ergebnis ergibt sich (siehe Punkt 5.3, bivariate Analysen, Messwerte x_1-x_3 und x_4-x_6):

Variabel	Kategorie Bis 40 (y_1-y_3)		Anzahl	Kategorie Über 40 (y_4-y_6)		Anzahl
X01 Anwendbar in allen Geschäften	A	A	13	A	A	10
X02 Jedes Smartphone ist nutzbar	I	O	0	I	O	1
X03 Keine Abhängigkeit zu TK-Konzernen	M	M	9	M	M	11
X04 Installation von überall	A	I	5	M	I	5
X05 Minimalistische/nutzungsbasierte Interface	I	R	1	M	R	1
X06 Aufladbar an Geldausgabe-Automaten	A	Q	0	A	Q	0
X07 Kontaktlose Bezahlung von Kleinbeträgen	R			R		
X08 Mit leeren Akku einsetzbar	A			A		
X09 Navigationsfunktion	A			A		
X10 Reduktion der Wartezeiten an Kassen	A			O		
X11 Kauf an Regalen, Plakaten, Schaufenstern	A			A		
X12 Mobile Ticketing	A			A		
X13 Übersicht der Bezahlungen	M			M		
X14 Nutzung von EC-/Kreditkarten-Daten	I			A		
X15 Benutzung von PayPal	A			I		
X16 Mobile Couponing	A			A		
X17 Bezahlung beim Online – Shopping	A			I		
X18 Gegenseitige Zahlungen	A			A		
X19 Einsatz als elektr. Personalausweis, Schlüssel	I			I		
X20 Aktivierung nur durch PIN	M			M		
X21 Kein Ausspähen möglich	M			M		
X22 Sensible Daten auf dem Smartphone	M			M		
X23 Garantierte Anonymität der Zahlungen	M			M		
X24 Direkte Deaktivierungsmöglichkeit	M			M		
X25 Freikonfigurierbare Höhe der Kleinbeträge	A			A		
X26 Banken als zentrale Anbieter	I			I		
X27 Zertifizierung durch unabhängigen Gesellschaft	M			M		
X28 Kostenlose Nutzung	M			M		

Tabelle 30: Häufigkeiten der Kano-Attribute bei Altersgruppen bis / über 40 Jahre

Mit dieser Gegenüberstellung löst man die Hypothese H8 und H9 auf. Der nächste Vergleich findet zwischen männlichen und weiblichen Teilnehmern statt (Variabel X65, siehe auch Kapitel 5.3, bivariate Analysen, Messwerte x_7-x_8):

Variabel	Kategorie Männlich (y₇)	Anzahl		Kategorie Weiblich (y₈)	Anzahl	
X01 Anwendbar in allen Geschäften	A	A	12	A	A	11
X02 Jedes Smartphone ist nutzbar	I	O	0	I	O	2
X03 Keine Abhängigkeit zu TK-Konzernen	M	M	9	M	M	9
X04 Installation von überall	A	I	6	O	I	5
X05 Minimalistische/nutzungsbasierte Interface	I	R	1	O	R	1
X06 Aufladbar an Geldausgabe-Automaten	A	Q	0	A	Q	0
X07 Kontaktlose Bezahlung von Kleinbeträgen	R			R		
X08 Mit leeren Akku einsetzbar	A			A		
X09 Navigationsfunktion	A			A		
X10 Reduktion der Wartezeiten an Kassen	A			A		
X11 Kauf an Regalen, Plakaten, Schaufenstern	A			A		
X12 Mobile Ticketing	A			A		
X13 Übersicht der Bezahlungen	M			M		
X14 Nutzung von EC-/Kreditkarten-Daten	A			I		
X15 Benutzung von PayPal	I			A		
X16 Mobile Couponing	A			A		
X17 Bezahlung beim Online – Shopping	I			I		
X18 Gegenseitige Zahlungen	A			A		
X19 Einsatz als elektr. Personalausweis, Schlüssel	I			I		
X20 Aktivierung nur durch PIN	M			M		
X21 Kein Ausspähen möglich	M			M		
X22 Sensible Daten auf dem Smartphone	M			M		
X23 Garantierte Anonymität der Zahlungen	M			M		
X24 Direkte Deaktivierungsmöglichkeit	M			M		
X25 Freikonfigurierbare Höhe der Kleinbeträge	A			I		
X26 Banken als zentrale Anbieter	I			M		
X27 Zertifizierung durch unabhängigen Gesellschaft	M			M		
X28 Kostenlose Nutzung	M			A		

Tabelle 31: Häufigkeiten der Kano-Attribute bei Frauen / Männer

„Category Strength" und „Total Strength"

Die *Category Strength* ist eine Maßzahl, welche von Lee und Newcomp (1997, p. 16) in einer Nasa-Studie verwendet wurde, um die Stärke der Zuordnung einer Produkteigenschaft zu einer Produktkategorie zu eruieren (Sauerwein 2000, p. 46). Die Ermittlung sieht wie folgt aus:

Cat = Häufigste Nennung - 2. Häufigste Nennung.

Bei der Mobile Wallet ist zum Beispiel bei dem Produktkriterum X12 *Mobile Ticketing* die häufigste Kategorie A mit 59,00 % und die 2. häufigste Kategorie O mit 15,00 % Anteil. Die Category Strength ergibt somit 44,00 %. Laut Sauerwein (2000, p.46) sehen die Autoren in dieser Auswertungsregel, bzw. Kennzahl ein probates Mittel, Prioritäten innerhalb einer Produktkategorie zu bestimmen, wenn nicht alle Eigenschaften gleichzeitig erfüllt werden können. Das heißt, dass man die Produkteigenschaften mit dem höchsten Category Strength - Werten als erstes umsetzen sollte. Auch können mit ihr Produktkriterien herausgefunden werden, welche nicht eindeutig zu einer Kategorie gehören. Dafür fanden Lee und Newcomp (1997, p. 18) in ihrer Studie heraus, dass die Category Strength mindestens 6 % betragen muss, um statistisch signifikant zu sein. Eigenschaften, welche diese 6 % - Hürde nicht erreichen, werden einer neu geschaffenen Kategorie *Mixed Category* zugewiesen. Um diese Gattung besser analysieren zu können wurde eine weitere Maßzahl, die *Total Strength*, eingeführt (Sauerwein 2000, p. 47). Sie ergibt sich aus folgender Formel: **Tot = A + O + M**. Am Beispielkriterium X12 würde sich bei den Werten von A mit 59,00 %, O mit 15,00 % und M mit 9,00 % eine Total Strength von 83,00 % ergeben. Mit Hilfe der Total Strength kann innerhalb der Mixed Category nochmals eine Bewertung nach der Bedeutung stattfinden (ebd.). Je höher die Total Strength, desto so höher ist die Bedeutung der Produkteigenschaft für die Gesamtanzahl der Kunden. Die Total Strength läßt sich auch grundsätzlich bei den anderen Kategorien anwenden. In der anschließenden Tabelle werden nun pro Produkteigenschaft die Category Strength und Total Strength berechnet. Dabei wird einmal innerhalb der Hauptkategorien A, O, M, I, R und Q absteigend nach der Category Strength sortiert und des Weiteren in der neugeschaffenen Mixed Category nach der Total Strength:

Variabel	Kano - Attribute (%)					Kat.	Category Strength	Total Strength
	A	O	M	I	R	Q		
X12 Mobile Ticketing	59,00	15,00	9,00	12,00	2,00	1,00	A	44,00	83,00
X06 Aufladbar an Geldausgabe-Automaten	47,00	15,00	10,00	22,00	0,00	1,00	A	25,00	72,00
X16 Mobile Couponing	50,00	5,00	7,00	28,00	5,00	2,00	A	22,00	62,00
X01 Anwendbar in allen Geschäften	46,00	12,00	11,00	27,00	1,00	1,00	A	19,00	69,00
X08 Mit leeren Akku einsetzbar	38,00	19,00	4,00	18,00	10,00	1,00	A	19,00	61,00
X10 Reduktion der Wartezeiten an Kassen	40,00	27,00	19,00	8,00	0,00	3,00	A	13,00	86,00
X09 Navigationsfunktion	42,00	11,00	6,00	30,00	6,00	2,00	A	12,00	59,00
X18 Gegenseitige Zahlungen	46,00	3,00	4,00	37,00	4,00	1,00	A	9,00	53,00
X11 Kauf an Regalen, Plakaten usw.	42,00	1,00	0,00	34,00	7,00	1,00	A	8,00	43,00
X26 Banken als zentrale Anbieter	9,00	9,00	24,00	38,00	9,00	1,00	I	14,00	42,00
X02 Jedes Smartphone ist nutzbar	20,00	11,00	26,00	38,00	2,00	1,00	I	12,00	57,00
X05 Minimal, nutzungsbasierte Interface	19,00	21,00	21,00	29,00	0,00	0,00	I	8,00	61,00
X17 Bezahlung beim Online – Shopping	28,00	13,00	11,00	35,00	3,00	2,00	I	7,00	52,00
X21 Kein Ausspähen möglich	2,00	14,00	79,00	2,00	0,00	1,00	M	65,00	95,00
X24 Direkte Deaktivierungsmöglichkeit	1,00	14,00	79,00	3,00	0,00	3,00	M	65,00	94,00
X20 Aktivierung nur durch PIN	2,00	14,00	70,00	12,00	0,00	0,00	M	56,00	86,00
X13 Übersicht der Bezahlungen	13,00	12,00	63,00	9,00	1,00	1,00	M	51,00	88,00
X23 Garantierte Anonymität der Zahlungen	9,00	13,00	48,00	8,00	9,00	3,00	M	35,00	70,00
X27 Zertifizierung durch u. Gesellschaft	12,00	18,00	52,00	11,00	0,00	3,00	M	34,00	82,00
X22 Sensible Daten auf dem Smartphone	5,00	15,00	41,00	13,00	8,00	1,00	M	26,00	61,00
X03 Keine Abhängigkeit zu TK-Konzernen	16,00	20,00	32,00	20,00	8,00	0,00	M	12,00	68,00
X28 Kostenlose Nutzung	24,00	28,00	35,00	11,00	0,00	0,00	M	7,00	87,00
X25 Konfigurierbare Höhe der Kleinbeträge	30	18,00	17,00	25,00	5,00	0,00	Mixed	5,00	65,00
X04 Installation von überall	21,00	13,00	22,00	25,00	11,00	2,00	Mixed	3,00	56,00
X15 Benutzung von PayPal	36,00	13,00	4,00	37,00	3,00	0,00	Mixed	1,00	53,00
X14 Nutzung von EC-/Kreditkarten-Daten	30,00	12,00	9,00	30,00	12,00	1,00	Mixed	0,00	51,00
X19 Einsatz als elektr. Schlüssel usw.	29,00	2,00	1,00	32,00	18,00	2,00	Mixed	3,00	32,00
X07 Kontaktlose Bezahlung Kleinbeträge	24,00	6,00	6,00	15,00	39,00	2,00	R	15,00	36,00

Tabelle 32: Category Strength und Total Strength pro Produktkriterium
Quelle: nach Lee und Newcomp (1997, p. 16)

Die Hypothese H4 wird hiermit bestätigt oder verworfen. Aus der obigen Tabelle lässt sich auch noch folgende Ergebnis – Matrix für Umsetzungsprioritäten ableiten:

\multicolumn{3}{c}{Kategorie ("O" war nicht vorhanden)}	Total
M	A	I oder Mixed	Strength
X21 Kein Ausspähen möglich			95,00
Deaktivierungsmöglichkeit			94,00
X13 Übersicht der Bezahlungen			88,00
		X28 Kostenlose Nutzung	87,00
X20 Aktivierung nur durch PIN			86,00
	X10 Reduktion der Wartezeiten an Kassen		86,00
	X12 Mobile Ticketing		83,00
X27 Zertifizierung durch u. Gesellschaft			82,00
	X06 Aufladbar an Geldausgabe-Automaten		72,00
X23 Garantierte Anonymität der Zahlungen			70,00
	X01 Anwendbar in allen Geschäften		69,00
X03 Keine Abhängigkeit zu TK-Konzernen			68,00
	X25 Konfigurierbare Höhe der Kleinbeträge		65,00
	X16 Mobile Couponing		62,00
		X05 Minimal, nutzungsbasierte Interface	61,00
	X08 Mit leeren Akku einsetzbar		61,00
X22 Sensible Daten auf dem Smartphone			61,00
		X09 Navigationsfunktion	59,00
		X02 Jedes Smartphone ist nutzbar	57,00
		X04 Installation von überall	56,00
	X18 Gegenseitige Zahlungen		53,00
		X15 Benutzung von PayPal	53,00
		X17 Bezahlung beim Online – Shopping	52,00
		X14 Nutzung von EC-/Kreditkarten-Daten	51,00
		X11 Kauf an Regalen, Plakaten usw.	43,00
		X26 Banken als zentrale Anbieter	42,00
		X07 Kontaktlose Bezahlung Kleinbeträge	36,00
		X19 Einsatz als elektr. Schlüssel usw.	32,00

Tabelle 33: Ergebnismatrix nach der Total Strength
Quelle: nach Lee und Newcomp (1997, p. 16)

Hier werden die Produkteigenschaften nach der „Total Strength" sortiert. Nach Lee und Newcomp (1997, p. 16) müssen links oben die Mustbe –Eigenschaften („M") mit einer Total Strength von 90-100 % als erstes verwirklicht werden. Innerhalb dieser Total Strengh – Bandbreite sollten dann von links nach rechts die Items der Kategorien O bis Mixed folgen. Diese Logik muss für die Total Strength - Bänder 90-80 %, 80-70 % und 70-60 % fortgesetzt werden. Laut Sauerwein (2000, p. 17) haben die niedrigste Priorität die Mixed Items im Total Strength – Band von 70-60 %. Die unter 60 % liegenden Produktkriterien geben keine konkrete Entwicklungsanforderung wieder, weil ihnen über die Hälfte der Befragten indifferent gegenübersteht, das Gegenteil wollen oder mit der Frage nichts anfangen können (ebd.).

Auswertung anhand der Wichtigkeit (Self-Stated-Importance)
Die nächste Aufstellung gibt pro Produktkriterien-Cluster die durchschnittliche Gesamt-Wichtigkeit an. Es wird dieselbe Gewichtung ($x_1 - x_6$) wie bei den obigen deskriptiven Statistiken angewandt (siehe Punkt 5.3). Sie zeigt noch zusätzlich pro Produktkriterium deren Attribut-Kategorie an:

Variabel	Einzelwerte Durchschnitt: $X_1 - X_6$	Kategorie	Gesamt Durchschnitt
Usability Cluster:			
X01 Anwendbar in allen Geschäften	4,28	A	
X02 Jedes Smartphone ist nutzbar	4,30	I	
X03 Keine Abhängigkeit zu TK-Konzernen	4,96	M	
X04 Installation von überall	4,39	I	
X05 Minimal, nutzungsbasierte Interface	4,65	I	
X06 Aufladbar an Geldausgabe-Automaten	4,10	A	
X07 Kontaktlose Bezahlung Kleinbeträge	2,77	R	
X08 Mit leeren Akku einsetzbar	3,49	A	
X09 Navigationsfunktion	3,19	A	4,01
Utility Cluster:			
X10 Reduktion der Wartezeiten an Kassen	4,62	A	
X11 Kauf an Regalen, Plakaten usw.	2,46	A	
X12 Mobile Ticketing	4,23	A	
X13 Übersicht der Bezahlungen	4,89	M	
X14 Nutzung von EC-/Kreditkarten-Daten	3,83	A	
X15 Benutzung von PayPal	3,23	A	
X16 Mobile Couponing	3,06	A	
X17 Bezahlung beim Online – Shopping	3,50	I	
X18 Gegenseitige Zahlungen	3,09	A	
X19 Einsatz als elektr. Schlüssel usw.	2,49	I	3,54
Security & Trust Cluster:			
X20 Aktivierung nur durch PIN	5,35	M	
X21 Kein Ausspähen möglich	5,69	M	
X22 Sensible Daten auf dem Smartphone	4,57	M	
X23 Garantierte Anonymität der Zahlungen	4,93	M	
X24 Direkte Deaktivierungsmöglichkeit	5,72	M	
X25 Konfigurierbare Höhe der Kleinbeträge	4,26	A	
X26 Banken als zentrale Anbieter	3,63	I	
X27 Zertifizierung durch u. Gesellschaft	4,88	M	5,19
Kosten:			
X28 Kostenlose Nutzung	5,04	M	5,04

Tabelle 34: Wichtigkeit der Produktkriterien (Durchschnittswerte)

Die Annahme von Fong (1996, p. 22), dass die *Mustbe's* tendenziell die höchsten Wichtigkeitsraten aufweisen, belegt die Tabelle eindeutig. Aber seine weitere Prognose, das *Indifferences* unwichtiger als *Attractives* sind und die niedrigste Wichtigkeit besitzen, ist nicht bestätigt (Sauerwein 2000, p. 48). Des Weiteren ermittelt die Tabelle die Richtigkeit oder Unrichtigkeit der Hypothese H5.

CS-Koeffizienten

Bei den Kano-Analysen kann man noch zwei weitere Kennziffern ableiten. Das sind der Koeffizient der Zufriedenheitsstiftung (CS+) und der Koeffizient der Unzufriedenheitsstiftung (CS -). Die Formel zur Berechnung ist:

CS+ = (A + O) / (A + O + M + I)
CS- = (O + M) / ((A + O + M + I) * -1).

Für Klopp (2012, p. 8) und Berger et al. (1993, p. 18) geben die beiden Koeffizienten an, wie stark die Zufriedenheit durch das Vorhandensein eines Produktmerkmals gesteigert werden kann oder inwieweit dadurch lediglich Unzufriedenheit vermieden wird. Der CS- belegt man mit negativen Vorzeichen um den negativen Einfluss auf die Zufriedenheit bei Nicht-Erfüllung der Produkteigenschaft klar hervorzuheben (Sauerwein 2000, p. 52). Die Werte von CS+ variieren zwischen 0 und 1 und die von CS- somit zwischen 0 und -1. Je näher die Werte bei 1 bzw. 1- liegen, desto größer ist der Einfluss der Produkteigenschaft auf die Zufriedenheit bzw. Unzufriedenheit. Bei 0 - Werten haben sie nahezu keine Wirkung für die Zufriedenheit / Unzufriedenheit. Laut Klopp (2012, p. 8) sind Werte für den CS+ > 5 besonders bedeutend und für den CS- < -5 als kritisch anzusehen. Die folgende Tabelle gibt für die verschiedenen Produktkriterien die CS-Koeffizienten und deren Durchschnittswerte pro Kriterien-Cluster wieder:

Variabel	Einzelwerte		Durchschnitt	
	CS-	CS+	CS-	CS+
Usability Cluster:				
X01 Anwendbar in allen Geschäften	-0,24	0,60		
X02 Jedes Smartphone ist nutzbar	-0,39	0,33		
X03 Keine Abhängigkeit zu TK-Konzernen	-0,59	0,41		
X04 Installation von überall	-0,43	0,42		
X05 Minimal, nutzungsbasierte Interface	-0,47	0,44		
X06 Aufladbar an Geldausgabe-Automaten	-0,27	0,66		
X07 Kontaktlose Bezahlung Kleinbeträge	-0,24	0,59		
X08 Mit leeren Akku einsetzbar	-0,29	0,72		
X09 Navigationsfunktion	-0,19	0,60	-0,34	0,53
Utility Cluster:				
X10 Reduktion der Wartezeiten an Kassen	-0,49	0,71		
X11 Kauf an Regalen, Plakaten usw.	-0,01	0,56		
X12 Mobile Ticketing	-0,25	0,78		
X13 Übersicht der Bezahlungen	-0,77	0,26		
X14 Nutzung von EC-/Kreditkarten-Daten	-0,26	0,52		
X15 Benutzung von PayPal	-0,19	0,54		
X16 Mobile Couponing	-0,13	0,61		
X17 Bezahlung beim Online – Shopping	-0,28	0,47		
X18 Gegenseitige Zahlungen	-0,08	0,54		
X19 Einsatz als elektr. Schlüssel usw.	-0,05	0,48	-0,25	0,55
Security & Trust Cluster:				
X20 Aktivierung nur durch PIN	-0,86	0,16		
X21 Kein Ausspähen möglich	-0,96	0,16		
X22 Sensible Daten auf dem Smartphone	-0,76	0,27		
X23 Garantierte Anonymität der Zahlungen	-0,78	0,28		
X24 Direkte Deaktivierungsmöglichkeit	-0,96	0,15		
X25 Konfigurierbare Höhe der Kleinbeträge	-0,39	0,53		
X26 Banken als zentrale Anbieter	-0,41	0,23		
X27 Zertifizierung durch u. Gesellschaft	-0,75	0,32	-0,73	0,26
Kosten:				
X28 Kostenlose Nutzung	-0,64	0,53	-0,64	0,53

Tabelle 35: CS-Koeffizienten der Produktkriterien (Durchschnittswerte)

Die rechten Spalten belegen oder widerlegen die Hypothesen H1 und H2. Um die Relation zwischen den Kennziffern besser sichtbar zu machen, bittet sich an, die einzelnen Werte in einem Koordinatensystem darzustellen. Die Skala von CS- ist hierbei die negative Y-Achse und die positive X-Achse repräsentiert das Werte-Niveau von CS+. Die nächste Grafik gibt das Ergebnis wieder:

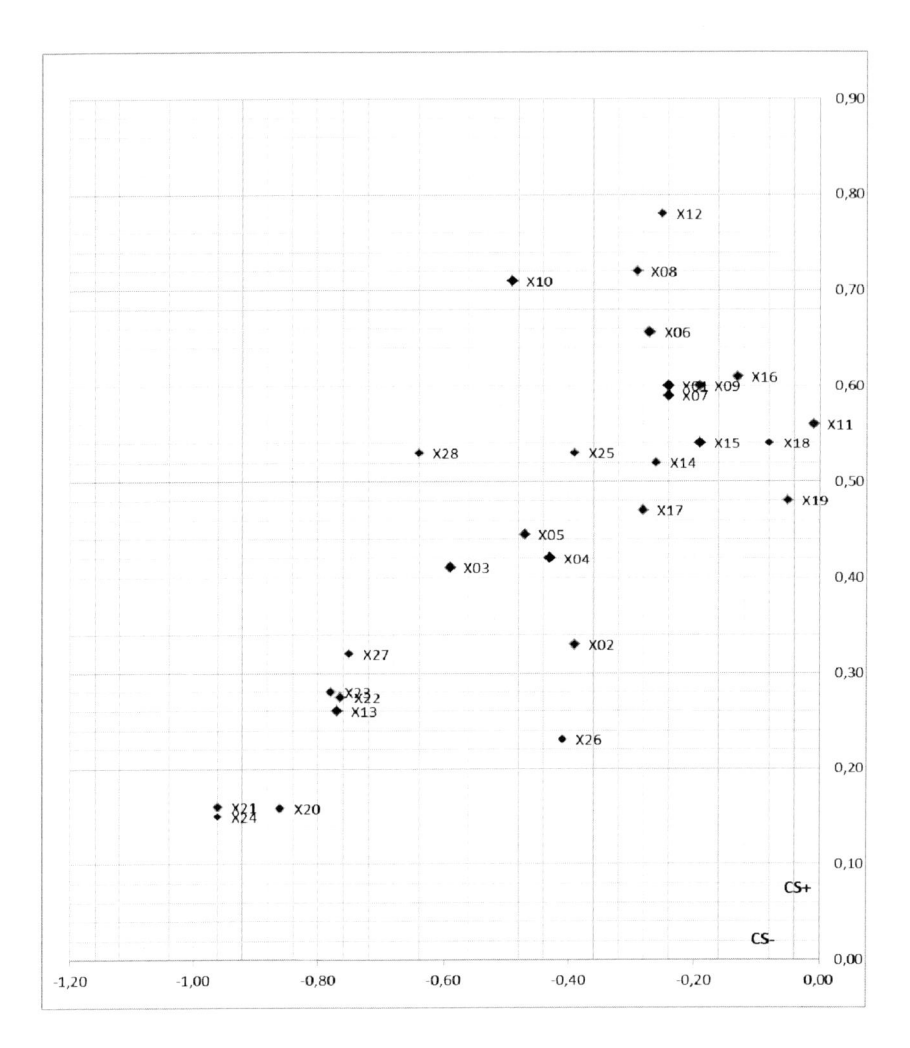

Abbildung 43: CS-Koeffizienten der Produktkriterien im Koordinaten-System

6 Befunde und Ergebnisse

6.1 Bestätigung oder Widerlegung der Hypothesen

Im folgenden Text werden alle unter Kapitel 4.6 genannten Hypothesen auf Bestätigung oder Widerlegung geprüft.

H1 (wahr)
Es stimmt, dass im Durchschnitt die Produktkriterien zur *Security* (Nr. 20 – 21) bei Nicht-Erfüllung die größte Unzufriedenheit stiften. In der Tabelle 35 erkennt man, dass

der Durchschnittswert des Koeffizienten der Unzufriedenheitsstiftung (CS-) mit *-0,73* über den Werten von den Produkteigenschaften zur *Usability (-0,34)* und der *Utility (-0,25)* liegt.

H2 (wahr)
Die Datenanalyse bestätigt, dass im Durchschnitt die Produktkriterien zur *Utility* (Nr. 10 – 19) bei Erfüllung die größte Zufriedenheit bringen. Ebenfalls ist in der Tabelle 35 zu sehen, dass der Durchschnittswert des Koeffizienten der Zufriedenheitsstiftung (CS+) mit *0,55* höher ist als die Zahlen von den Produkteigenschaften zur *Usability (0,53)* und der *Security (0,26)*.

H3 (falsch)
Die Tabelle 29 widerlegt, dass die Produktkriterien zur *Usability* (Nr. 1 – 9) die meisten Produkteigenschaften mit keinem besonderen Einfluss auf die Zufriedenheit oder Unzufriedenheit hat. Zu erkennen ist dies an der Attributkategorie *I (Indifferent)*, welche in den Clustergruppen *Usability* und *Utility* mit jeweils 3 Nennungen gleich hoch ist und nur bei der Gruppe *Security* mit dem Wert 1 niedriger liegt.

H4 (wahr)
Die Auswertungen nach der *Category Strength* (Tabelle 32) und die Häufigkeitsverteilung der Kano-Antworten bei erfülltem Produktkriterium (Tabelle 24) zeigen, dass das Produktkriterium Nr. 12 *Mobile Ticketing* zur größten Begeisterung bei den Teilnehmern führt. In der Begeisterungskategorie *A* besitzt diese Eigenschaft mit „44,00" den höchsten Category Strength - Wert. Bei Erfüllung bekommt sie auch bei der Antwort „*Das würde mich sehr freuen*" mit der Anzahl 76 die meisten Benennungen.

H5 (wahr)
Es ist wahr, dass die Produktkriterien zur *Security* (Nr. 20 – 27) durchschnittlich die höchste Wichtigkeit haben. Die Tabelle 34 zeigt einen Durchschnittswert von *5,19*, welcher höher liegt als bei den Kriterien zu den *Kosten (5,04)*, zur *Usability (4,01)* und zur *Utility (3,54)*.

H6 (wahr)
Es ist in Tabelle 26 bestätigt, dass das Produktkriterium Nr. 1 „*Anwendbar in allen Geschäften*" aus Sicht der Befragten die Produkteigenschaft ist, welche bei Erfüllung zur höchsten Akzeptanz führt. Sie wurde mit 24 Benennungen am meisten gewählt.

H7 (falsch)

Diese Hypothese ist widerlegt. Das Produktkriterium Nr. 20 *„Die Aktivierung der Smartphone-Geldbörse kann nur durch vorheriger Eingabe eines Kennworts (PIN) geschehen"* ist nicht aus Sicht der Befragten die Produkteigenschaft, welche bei Nicht-Erfüllung die größte Ablehnung bringt. Sie bekam nur 6 Benennungen. Stattdessen erhielt das Produktkriterium Nr. 21 *„Das Ausspähen von sensiblen Benutzerdaten während der Bezahlvorgangs ist nicht möglich"* mit 26 Antworten die meisten Stimmen.

H8 (falsch)

Die Annahme, dass eine *schlecht/moderat empfundene Security* zu einer negativeren Nutzungsabsicht als eine *schlecht/moderat empfundene Utility* oder *Usability* führt, ist falsch. Bei einer schlecht/moderat empfundenen Security wollen laut Tabelle 28 immerhin noch 55 % der Befragten die Smartphone Geldbörse gebrauchen. Dagegen sind es bei einer *schlecht/moderat empfundenen Usability* nur 32 % und bei der Utility sogar nur 31 %.

H9 (wahr)

Die Vermutung, dass Personen bis zu einem Alter von 40 Jahren mehr *Begeisterungsattribute* in der Mobile Wallet sehen als ältere Teilnehmer ab 40 Jahre, konnte nachgewiesen werden. Die Auswertung der Tabelle 30 zeigt bei der Altersgruppe bis 40 Jahre insgesamt *13* Begeisterungsattribute (A) und ab dem Alter von 40 Jahren nur noch 10.

H9 (wahr)

Die Hypothese, dass Personen ab einem Alter von 40 Jahren mehr *Basisattribute* bei der Mobile Wallet erkennen als jüngere Teilnehmer bis zum einem Alter von 40 Jahre, ist richtig. Die Tabelle 30 weist bei der Altersgruppe bis 40 Jahre einen Wert von 9 Basisattribute (M) aus. Ab dem Alter von 40 Jahren sind es aber mit insgesamt 11 Basisattributen zwei mehr.

6.2 Beantwortung der Forschungsfrage

Die Beantwortung der Forschungsfrage findet teilweise schon durch die Be-oder Widerlegung der getroffenen Hypothesen statt. Demzufolge bringen durchschnittlich die Produktkriterien zur Utility bei Erfüllung die größte Zufriedenheit (H2) und die Produktkriterien zur Security bei Nicht-Erfüllung die größte Unzufriedenheit (H1). Diese

Clusterbetrachtung ist sehr allgemein und geht nicht im Detail auf die Kano-Ergebnisse an. Betrachtet man hier nochmals genauer die Kano-Kategorien, so erkennt man bei der Mobile Wallet insgesamt folgende Begeisterungsattribute:

Begeisterungsattribute der Mobile Wallet	Kategorie-Stärke
Mobile Ticketing (Tickets erwerben z. Bsp. für Bus oder Parkhaus, aufbewahren und anwenden)	44,00
Der verfügbare Betrag ist an Geldausgabe-Automaten oder in Geschäften aufladbar	25,00
Mobile Couponing (Berücksichtigung von Kunden-, Bonus-, Geschenk- und Gutscheinkarten)	22,00
Smartphone-Geldbörse ist in allen Geschäften nutzbar	19,00
Die Smartphone-Geldbörse funktioniert auch ohne Strom (leerer Akku) und Internet-Xerbindung	19,00
Schnelle Bezahlung an den Kassen und an Automaten, Reduktion der Wartezeiten	13,00
Navigationsfunktion zum Aufsuchen von Geschäften	12,00
Gegenseitige Zusendungen von Zahlungen ist möglich	9,00
Beauftragung und Bezahlung von Waren an Geschäfts-Regalen, Werbeplakaten, Schaufenstern	8,00

Tabelle 36: Begeisterungsattribute der Mobile Wallet

All diese Begeisterungsattribute haben laut Kano-Modell (siehe Abbildung 4) den größten Einfluss auf die Zufriedenheit. Je mehr hier die Wünsche der Endanwender erfüllt werden, desto größer wird die Zufriedenheit mit dem Produkt. Eine Nicht-Erfüllung führt allerdings auch nicht zur Unzufriedenheit Auf dieser Liste ist das *Mobile Ticketing* das stärkste Attribut. Diese Tatsache wurde auch schon durch eine Hypothesen-Prüfung (H4) belegt. Des Weiteren besitzt die Mobile Wallet die nachstehenden Basisattribute:

Basisattribute der Mobile Wallet	Kategorie-Stärke
Kein Ausspähen von sensiblen Benutzerdaten ist möglich	65,00
Direkte Deaktivierungsmöglichkeit (Internet / Rufnummer) bei Verlust oder Diebstahl	65,00
Aktivierung nur durch vorheriger Eingabe eines Kennwort (PIN)	56,00
Übersicht mit den zuletzt ausgeführten Bezahlungen	51,00
Garantierte Anonymität der Zahlungen	35,00
Zertifizierung des gesamten Abwicklungsvorgang von einer unabhängigen Gesellschaft	34,00
Sensible Daten liegen in einem geschützten Bereich auf dem Smartphone und nicht im Internet	26,00
Keine Abhängigkeit von Telekommunikations-Unternehmen	12,00
Die Nutzung der Smartphone-Geldbörse ist umsonst	7,00

Tabelle 37: Basisattribute der Mobile Wallet

Diese Basisattribute besitzen die höchste Wirkung auf die Unzufriedenheit. Je mehr an dieser Stelle die Anforderungen der Benutzer nicht umgesetzt werden, desto höher wird die Unzufriedenheit mit der Mobile Wallet. Eine Erfüllung trägt allerdings nicht zur Steigerung der Zufriedenheit. Die stärksten Merkmale in dieser Kategorie sind der *„Schutz vor dem Ausspähen der sensiblen Benutzerdaten"* und die *„direkte Deaktivierungsmöglichkeit bei Verlust"*.

Die in der Kategorie stärksten Produktkriterien bringen auch zugleich die größte Zufriedenheit bzw. Unzufriedenheit:

Produktkriterien	Einzelwerte	
	CS+	CS-
1. Mobile Ticketing (Tickets erwerben z. Bsp. für Bus oder Parkhaus, aufbewahren und anwenden)	0,78	
2. Die Smartphone-Geldbörse funktioniert auch ohne Strom (leerer Akku) und Internet-Verbindung	0,72	
3. Schnelle Bezahlung an den Kassen und an Automaten, Reduktion der Wartezeiten	0,71	
1. Kein Ausspähen von sensiblen Benutzerdaten ist möglich		-0,96
2. Direkte Deaktivierungsmöglichkeit (Internet / Rufnummer) bei Verlust oder Diebstahl		-0,96
3. Aktivierung nur durch vorheriger Eingabe eines Kennwort (PIN)		-0,86

Tabelle 38: Einzelwerte der Un/-Zufriedenheitsstiftung

Grundsätzlich ist auch festzuhalten, dass die Sicherheitskriterien, hauptsächlich Mussattribute, die höchste Wichtigkeit bei den Endanwendern besitzen (H5). Jedoch kaufentscheidender sind laut obiger Literaturbetrachtung die Begeisterungsattribute. Dazu passt auch das Ergebnis der Hypothese H6, dass das Begeisterungsattribut *„Anwendbarkeit der Mobile Wallet in allen Geschäften"* von den Teilnehmern der Befragung als Schlüsselfaktor zur Akzeptanzförderung gewählt wurde. Betrachtet man die Ergebnisse aus Sicht des *Technologie Akzeptanz-Modell für Mobile Services*, so kommt man zur selben Aussage. Die Hypothese H8 und die Tabelle 28 zeigen, dass eine *schlecht/moderat empfundene Utility* zu einer negativeren Nutzungsabsicht als eine *schlecht/moderat empfundene Security* oder *Usability* führt. Dies bedeutet, dass die *empfundene Utility*, hauptsächlich bestehend aus Begeisterungsattributen, entscheidender für eine positive Nutzungsabsicht bzw. Kaufentscheidung ist.

Die Experten-Aussagen (siehe Punkt 4.4.1) bestätigen die obigen Ergebnisse. Übereinstimmend meinten sie, dass die Mobile Wallet gegenüber den klassischen Bezahlverfahren zur Akzeptanz-Gewinnung einen Mehrwert schaffen muss. Diesen Mehrwert stellen die Begeisterungsattribute *Mobile Ticketing*, *„die Reduktion der Wartezeiten an Kassen"* und das *Mobile Couponing* dar. Auch vertraten sie die Meinung, dass die Mobile Wallet eine *Basis-Sicherheit* geben muss, ohne die die Mobile Wallet von Endanwendern nicht angenommen wird. Diese Basis-Sicherheiten sind der *„Schutz vor dem Ausspähen von sensiblen Benutzerdaten"*, die *„direkte Deaktivierungsmöglichkeit bei Verlust"* und die *„Aktivierung nur durch vorherige PIN-Eingabe"*. Sie erkannten auch, dass die *„Anwendbarkeit in allen Geschäften"* ein Schlüsselfaktor für die Akzeptanz bedeutet. Eine kostenlose Nutzung der Mobile Wallet deklarierten sie auch als Muss-Eigenschaft.

Die untersuchten Studien zu *Mobile Payment* (siehe Punkt 3.1.2) untermauern ebenfalls die obigen Resultate. So zeigten diese auch eine Beliebtheit des *Mobile Ticketing* (Faktenkontor 2011) und der *integrierten Bonus-Programme / Mobile Couponing* (wi-mobile 2006) beim Deutschen Endanwender. Dass die frei konfigurierbare Höhe des Kleinbetrages, bei dem man ohne PIN-Abfrage bezahlen kann, ein Begeisterungsattribut darstellt, deckt sich ebenfalls mit den Resultaten der MP3-Studie von wi-mobile aus dem Jahr 2006. Hier konnte die Mehrheit der Teilnehmer keine fest definierte Betragshöhe nennen, ab der sie eine PIN-Abfrage befürworten (siehe Punkt 3.1.2). Auch belegte Faktenkontor im Jahr 2012, dass die Sicherheitskriterien Mussattribute mit höchster Wichtigkeit sind. Sie fanden heraus, dass 67% der Deutschen große Sicherheitsbedenken haben. Insbesondere befürchteten 21% der Anwender, dass während der Übertragung EC-Karteninformationen abgegriffen werden könnten.

6.3 Weitere Ergebnisse aus der Datenanalyse

<u>Produktkriterien ohne Einfluss auf die Zufriedenheit und Akzeptanz (Indifferents)</u>
Bei den Usability-Merkmalen gehören hierzu die Nutzbarkeit jedes Smartphone (X02), die Installation von überall (X04) und das minimalistische/nutzungsbasierte Interface (X05). Das klassische Usability –Kriterium X05 besitzt wohl im Gegensatz zu Früher (siehe Punkt 3.1.2, Studie von Eisenmann (2004) bei den Anwendern der Mobile Wallet keine große Bedeutung mehr. Die Anwendungsmöglichkeit als *Online-Bezahlungsmittel* (X17) und der Ausbau zum *All-In-One-Gerät* (X19) sind ebenfalls Indifferents bei den Utility-Eigenschaften. Beim Kriterium X17 kann man dies verstehen, da es hier schon genügend andere Verfahren gibt. Eine genauere Analyse zu X19 zeigt noch, dass viele Befragte diese Eigenschaft sehr störend empfinden (Tabelle 24, 23 Benennungen) und genau das Gegenteil wollen (Reverse = 18 %). Das Security-Kriterium X26, *Bank als zentraler Anbieter*, ist überraschenderweise auch ein Indifferent. Diese Tatsache wird in Punkt 6.4 gesondert analysiert.

<u>Reverse Attribute</u>
Ein außergewöhnliches Abfrage-Ergebnis stellt die kontaktlose Bezahlung von Kleinbeträgen ohne PIN (X07) dar. Sie wird als ein *Reverse-Attribut* ausgewiesen („R"). Dies bedeutet, dass die Teilnehmer der Befragung sich genau das Gegenteil des Produktkriteriums wünschen. Der Punkt 6.4 geht hier auch genauer drauf ein.

Leistungsattribute

Auf die Gesamtheit der Teilnehmer bezogen hat sich bei den Produktkriterien kein Leistungsattribut heraus kristallisiert sind. Dies hat wahrscheinlich damit zu tun, dass es die Mobile Wallet physisch noch nicht gibt und damit auch kein Erfüllungsgrad in Vergleich zu den Konkurrenzprodukten Bargeld/EC-/Kreditkarten gemessen werden kann. Bei der Einzel-Analyse nach den Altersgruppen und dem Geschlecht zeigte sich aber, dass für die über 40 -Jährigen „die Reduktion der Wartezeiten an den Kassen" und bei den Frauen die „Installation von überall" und das „minimalistische/nutzungsbasierte Interface" Leistungsattribute darstellen.

Allgemeines Empfinden und Nutzungsabsicht

Die Abbildung 39 zeigt, dass die Mehrheit der Teilnehmer (45 %) die Usability als gut empfindet. Auch die Utility wird von der Überzahl der Teilnehmer (39 %) als gut beurteilt (Abbildung 40). Die Security wird dagegen von den meisten (40%) nur als akzeptabel eingestuft (Abbildung 41). Die Nutzungsabsicht ist generell positiv (Abbildung 42). 52 % der Befragten wollen die Mobile Wallet „wahrscheinlich" und 12 % „definitiv" nutzen.

Einfluss des Alters und des Geschlecht

Wie schon in der Hypothese H8 und H9 belegt, sehen die „unter 40-Jährigen" in der Mobile Wallet mehr Begeisterungsattribute, während die „über 40-Jährigen" mehr Muss-Attribute verlangen. Bemerkenswert ist, dass dennoch bei beiden Altersgruppen das allgemeine Nutzen-Empfinden ungefähr gleich positiv ist (siehe Tabelle 27, Werte *gut* bis *sehr gut*, insgesamt jeweils 68%). Hinsichtlich der empfundenen Usability und Security weichen sind dann doch ab. So empfinden die „unter 40-Jährigen" die Usability besser (68 % gegenüber 58%) und die Security wesentlich schlechter (42 % gegenüber 28 %). Beim Vergleich der Geschlechter zeigt sich, dass die Frauen gegenüber den Männern die Security der Mobile Wallet als schlechter einstufen (siehe Tabelle 27, Werte *schlecht* bis *sehr schlecht*, Frauen (53 %), Männer (34%)).

Fehlende Produkteigenschaften

Von 100 Befragten meldeten nur 4 Personen Eigenschaften die Ihrer Ansicht nach fehlen. Dieses Ergebnis zeigt, dass bei der Umfrage fast alle wichtigen Kriterien erfasst wurden. Im Detail vermissten die Teilnehmer eine Anzeige des verfügbaren Betrages, eine Rückerstattungsmöglichkeit bei Unstimmigkeiten, eine Sicherheit der privaten Daten bei Diebstahl, eine sofortige Lösch-Möglichkeit der Daten auf Veranlassung und eine uneingeschränkte Nutzbarkeit hinsichtlich des Alters.

Abfrage der Nutzung von Konkurrenz-Produkten

88 % der Befragten benutzen mind. 1 x Woche Ihre EC-/ oder Kreditkarte beim Einkaufen. Des Weiteren betreiben 94 % Online-Shopping im Internet. Diese Angaben zeigen, dass es für die Mobile Wallet schwer wird, sich gegen die Konkurrenz durchzusetzen.

6.4 Besonders zu beachtende Themen

Kontaktlose Bezahlung von Kleinbeträgen ohne PIN

Dieses Produktkriterium wird von den Anbietern der Mobile Wallet immer wieder als eins der innovativsten und wettbewerbs-bestimmenden Merkmale gegenüber über den klassischen Bezahlverfahren gepriesen. Offensichtlich hat sich aber noch keiner gefragt, ob der Kunde diese Eigenschaft überhaupt befürwortet, denn sie wird in dieser Forschungsarbeit als ein *Reverse-Attribut* ausgewiesen (*R*). Dies bedeutet, dass die Teilnehmer der Befragung sich genau das Gegenteil des Produktkriteriums wünschen. Das waren genau 39 % der Befragten. Lediglich 24 % konnten sich für diese Eigenschaft begeistern. Dass das Merkmal nicht richtig verstanden wurde, wird durch die niedrigen Werte der fragwürdigen Antworten (2%) und der Nicht- Beurteilungen (8%) widerlegt. Bei genauerer Betrachtung kombiniert diese Funktion zwei hoch sensible *Sicherheits-Kriterien* miteinander. Das sind einmal die *Ausspäh-Möglichkeit* und dann die *PIN-Abfrage*. Beides sind Mussattribute und gehören zu den TOP 3 der Unzufriedenheit-Stiftung bei Nicht-Erfüllung. Es ist also nicht verwunderlich, dass der Endanwender hier ein großes Risiko sieht und das am liebsten vermeiden möchte.

Banken als zentraler Anbieter der Mobile Wallet

Dass Banken als zentraler Anbieter der Mobile Wallet fungieren sollen, ist für viele Befragten (38 %) von geringerer Bedeutung. Dieses Kriterium ist sogar das stärkste Indifferent-Attribut ohne Wirkung auf Zufriedenheit und Akzeptanz. Die Abfrage-Ergebnisse, dass sogar 9% genau das Gegenteil wollen und sich 10 % einer Beurteilung enthielten, verstärken nochmals, dass die Banken keine führende Rolle bei der Mobile Wallet spielen. Diese Ansicht vertraten auch schon die Experten (siehe Punkt 4.4.1), welche generell einem Unternehmen mit großer Reputation (z.Bsp. Deutsche Telekom) diese Position zutrauen. Bemerkenswert ist, dass bei einer Studie von Faktenkontor aus dem Jahr 2012 58 % der Deutschen den Banken hier noch eine Schlüsselrolle zuwiesen (siehe Punkt 3.1.2.).

7 Zusammenfassung und Empfehlungen

7.1 Fazit

Die Forschungsfrage dieser Untersuchung wurde auf der Basis des oben skizzierten Forschungsdesign eindeutig beantwortet. Das Forschungsdesign besitzt durch die aufwändige Nutzungskontext-Analyse, den Experteninterviews, den Pretests, der Kano-Methode und des TAMM eine hohe Validität und Objektivität. Die Reliabilität der Kano-Methode ist auch für die in dieser Studie hohe Anzahl berücksichtigter Produktkriterien als moderat nachgewiesen worden. Die Antwort basiert nun primär auf dem Kano-Modell, welches von einer Mehr-Faktor-Struktur der Kundenzufriedenheit ausgeht. Das heißt eine Gesamtzufriedenheit wird von unterschiedlichen Faktoren, wie hier den *Basisattributen*, *Leistungsattributen* und *Begeisterungsattributen*, unterschiedlich beeinflusst (*asymmetrische Effekte*). Ein Beweis, welche dieser Attribute den höchsten Einfluss auf eine Gesamtzufriedenheit hat, konnte in der Forschung bisher noch nicht eindeutig geliefert werden. Man kann aber deren bewiesene Einzelwirkung als multiplen Ansatz zur Beantwortung der Forschungsfrage nehmen. So wurden für die Zufriedenheit und Akzeptanz maßgeblich *Utility-* und *Usabilitykriterien* mit größtem Einfluss ausfindig gemacht. Die einflussreichsten Einzelmerkmale sind hier das *Mobile Ticketing* und die *„Anwendbarkeit in allen Geschäften"*. Die Unzufriedenheit und In-Akzeptanz ergeben sich im verstärkten Maße aus der Nicht-Erfüllung der *Security-Kriterien*. Hier ist insbesondere ein *„Schutz vom dem Ausspähen sensibler Benutzerdaten beim kontaktlosen Bezahlen"* gefragt. Für die Akzeptanz, bzw. positive Nutzungsabsicht laut TAMM konnte belegt werden, dass die *empfundene Utility* entscheidender ist als die *Usability* und *Security*. Zuletzt muss man aber festhalten, dass das Ergebnis der Forschungsarbeit nur die reine Erwartungshaltung (*ex ante – Messung*) der Endanwender berücksichtigt, denn keiner der Befragten besaß ein reales Konsumerlebnis mit der Mobile Wallet. Eine noch differenziertere Beantwortung der Forschungsfrage ist erst dann möglich, wenn die Mobile Wallet im größeren Maße in Deutschland genutzt wird (*dynamischer Effekt*).

7.2 Beitrag der Studie

Wie in der Einleitung dieser Forschungsarbeit beschrieben ist ein Beitrag die Schaffung von einem tiefer gehenden Wissen über die Mobile Wallet für Produkthersteller und Anbieter. Es konnte eine genaue Definition und Abgrenzung innerhalb der Mobile Payment – Welt aufgezeigt werden. Auch wurde für die Entwicklung, insbesondere dem Usability-Engineering, eine komplexe Nutzungskontext-Analyse angefertigt. Die Ergebnisse der Kano-Analyse bieten ein besseres Verständnis der

Kundenanforderungen durch die Unterscheidung in Basis-, Leistungs- und Begeisterungsanforderungen und deren Einfluss auf die Kundenzufriedenheit und Akzeptanz. Diese Studie liefert somit für die Produkt-Hersteller und Entwicklungs-Ingenieure eine genaue Produktspezifikation und Vorgehensweise (siehe Tabelle 33) für die Entwicklung einer erfolgreichen Mobile Wallet. Es werden Kundenanforderungen aufgezeigt, bei denen es sich lohnt sie weiter auszubauen oder wo der erreichte Stand ausreicht. Letztendlich zeigt die Studie auch die Gründe auf, warum die Deutschen sich so schwer mit dem Einsatz der Mobile Wallet tun.

7.3 Auswirkungen und Empfehlungen

Die Ergebnisse der Studie zeigen den Produktherstellern und Anbietern klar auf, welche Prioritäten sie hinsichtlich einer erfolgreichen Entwicklung und Einführung der Mobile Wallet setzen müssen. Als erstes sollten nochmals alle erdenklichen Optionen hinsichtlich einer optimalen Sicherheit betrachtet werden. Wie die Experten erwähnten, muss eine für jedermann ersichtliche *Basis-Sicherheit* geschaffen werden. Dazu gehört auf jeden Fall die geforderte *direkte Deaktivierungsmöglichkeit bei Verlust* und die grundsätzlich benötigte *PIN-Eingabe bei der Aktivierung der Mobile Wallet*. Es ist auch wichtig alle Techniken, Verfahren und Unternehmen im Sinne der von den Anwendern als Musskriterium geforderten Gesamtzertifizierung mit einzubeziehen. Den Studienergebnissen ist weiterhin zu entnehmen, dass der Benutzer sich seine Daten auf dem Smartphone und nicht in der Internet-Cloud wünscht. Da er gleichzeitig keine Abhängigkeit zu Telekommunikationskonzernen haben möchte, bleibt für den Speicherort der Daten (Secure Element) eigentlich nur das Smartphone selber (integrierter Chip) oder eine externe SD-Karte übrig. Die von Mobilfunkanbietern favorisierte Lösung mit dem Secure Element auf der SIM-Karte entfällt somit. Die höchste Priorität bezüglich Sicherheit ist allerdings die Entkräftung der Ängste vor dem unbemerkten Ausspähen der Daten mit gezielter Aufklärung. Es muss dem Endanwender vermittelt werden, dass der unbemerkte Zugriff doch nicht so einfach ist. Beim Thema vertrauensvoller Anbieter haben die Banken ihre Schüsselposition verloren. Diese Tatsache müsste einigen Produktmanagern bei Banken Kopfzerbrechen bereiten. Allerdings erkennen sie bei der Mobile Wallet, wie schon einige oben interviewte Experten betonen, kein gewinnträchtiges Business-Modell.

Bei der Utility besitzen die Services *Mobile Ticketing* und *Mobile Couponing* aus der Sicht der Befragten mit den höchsten Mehrwert. Hier sollte mit zentralen Ticketverkäufern (z. Bsp. TicketOnline (2013)), der Deutschen Bahn (Touch&Travel 2013) und Bonusprogramm-Anbietern (z. Bsp. Payback (2013)) Lösungen entwickelt und angeboten werden. Auch das sogenannte *Line-Skipping-Feature (Reduktion der Wartezeiten an den Kassen*) wird von Benutzer begeistert aufgenommen. Hier ist aber eine große Kontroverse zur der Usability-Eigenschaft des kontaktlosen Bezahlen (NFC) bei Kleinbeträgen ohne PIN (Tap@Go) zu erkennen, welche eine der Voraussetzungen dazu darstellt. Vielleicht sind die anderen Verfahren, wie das *QR-Code-Reading* (PayPal 2013) oder die einfache Bestätigung per *SMS/TAN/Fingerabdruck-Sensor* (Apple), auch wenn diese die langsameren Prozesse an den Kassensystemen sind, doch die geeigneteren Varianten für die Deutschen Endbenutzer. Das Smartphone als ALL-IN-ONE-Lösung ist von geringerer Bedeutung und wird von den Deutschen eher skeptisch betrachtet, da bei Verlust ein noch größeres Risiko besteht. Diese Funktionalität sollte höchstens als individuelle Option mit angeboten werden können. Die Online-Bezahlmöglichkeit kann man auch vernachlässigen.

Als letztes werden in diesem Kapitel die *Usability-Kriterien* betrachtet. Eine möglichst größte Anwendbarkeit der Mobile Wallet in allen Geschäften wurde als höchste Akzeptanz-Förderung ermittelt. Hier wird ein typisches Henne/Ei-Problem sichtbar. Ohne Händler-Akzeptanz gibt es keine breitflächige Bereitstellung. -> Ohne breitflächige Bereitstellung entsteht kein größerer Nutzungsgrad / Umsatz durch die Anwender. -> Dadurch wird beim Händler keine Motivation erzeugt um in die neue Infrastruktur der Mobile Wallet zu investieren. Die Mobile Wallet reizt die Händler somit zunächst wenig. Sie sehen neben der Reduzierung der Kosten für die Bargeld-Logistik keinen größeren Vorteil. Die Umstellungsgeschwindigkeit der Akzeptanz-Stellen (Bezahl-Terminals etc.) wird nicht durch einen erhofften, erhöhten Umsatz bestimmt, sondern einmal durch den langwierigen Umstellungsprozess der beteiligten Akzeptanzstellen-Anbieter (Mastercard usw.) und zu anderem durch den Alterungsprozess und die Ausfallhäufigkeit der bestehenden Geräte. Man kann nur hoffen, dass die Idee der Mobile Wallet hier nicht verschwindet und das Interesse der Endanwender noch lange anhält. Zu mindestens wird die *„Anwendbarkeit in allen Geschäften"* schon nicht mehr als Muss-Eigenschaft gesehen, sonst wäre von Anfang die Mobile Wallet zum Scheitern geboren. Die gewünschte Navigationsfunktion zum Auffinden von Geschäften hilft ebenfalls diesen Missstand zu mildern. Ein weiterer *Usability-Wunsch* ist die Aufladbarkeit des verfügbaren Prepaid- Betrages an Bankautomaten. Hier stellt sich auch wieder die Frage der Finanzierung der Umstellungskosten für die Auflade-Funktion aller Bankautomaten. Nur wenn die Banken ein Zusatzgeschäft mit der Mobile Wallet sehen, dann sind sie bereit zu investieren. Dies kann nur durch erhöhte oder zusätzliche Gebühren der

Bankautomaten-Nutzung geschehen. Dem gegenüber existiert aber die Muss-Anforderung der kostenlosen Mobile Wallet. Der Anwender wird wahrscheinlich andere Möglichkeiten des Aufladens wie z. Bsp. Überweisung oder Lastschrift suchen. Die bekommt er auch schon bei vielen Banken im Rahmen des Online Banking teilweise umsonst angeboten. Folglich müssen mit zunehmender Ausbreitung der Mobile Wallet die Geldausgabeautomaten-Hersteller diese Funktionalität umsonst einbauen, damit ihr Geschäft nicht erhebliche Umsatzeinbrüche erfährt. Die Benutzungsmöglichkeit der Mobile Wallet ohne Strom und Internet wird auch sehr begrüßt. Das Letztere funktioniert für den reinen Bezahlvorgang über eine NFC- Verbindung schon jetzt problemlos. Auch der stromlose Betrieb ist bei NFC über den Card-Emulation-Modus möglich. Dies bedeutet für die Smartphone-Hersteller, dass sie ein komplettes NFC-Design zu entwickeln haben.

7.4 Zukünftige Forschung

Die Auswirkungen und Empfehlungen bedingen noch weitere zusätzliche Forschungen hinsichtlich der Benutzer-Wünsche und der einzusetzenden Technologien. Zu klären wäre zunächst mal in einer weiteren empirischen Untersuchung, ob der Benutzer zugunsten einer erhöhten Sicherheit bereit wäre, eine schlechtere Bezahl-Geschwindigkeit an den Kassen, ähnlich wie bei den EC-und Kreditkarten, zu akzeptieren. Wäre dem so, dann könnte man auf die NFC-Technik verzichten. Des Weiteren sind für die Smartphone-Hersteller Forschungsprojekte hinsichtlich der Integration der Secure-Elemente empfehlenswert. Denkbar ist neben dem SD-Slot für die Speichererweiterung auch ein SD-Karteneinschub für das Secure-Element. Auch ist ein integrierter Chip, der durch die Trusted-Service-Gesellschaften frei konfigurierbar wäre, sinnvoll. Die Konzeption eines NFC - Design, das einen stromlosen Betrieb ermöglicht, ist ebenfalls eine bedeutungsvolle Forschung für die Hersteller. Diese Usability-Problematik könnte natürlich auch durch die Weiterentwicklung leistungsfähigerer Akkus und stromsparender Elemente (z. Bsp. Touchscreens) entspannt werden. Zuletzt ist es für die Geldausgabeautomaten-Hersteller essentiell, dass sie eine leistungsstarke und einfache Auflade-Möglichkeit für die Smartphones entwickeln.

Literaturverzeichnis

Bücher

Bauer, M. (2000) *Kundenzufriedenheit in Industriellen Geschäftsbeziehungen.* Wiesbaden, Deutscher Universität Verlag.

Bauer, H,, Dirks, T., Bryant, M. (2008) *Erfolgsfaktoren des Mobile Marketing.* Heidelberg, Springer-Verlag.

Berekoven, L., Eckert, W., Ellenrieder, P. (2004) *Marktforschung, Methodische Grundlagen und praktische Anwendung.* 10. Auflage. Wiesbaden, Gabler - Verlag.

Bortz, J,, Döring , N. (2006) *Forschungsmethoden und Evaluation.* 4. Auflage. Heidelberg, Springer-Medizin Verlag.

Böhm, F. (2012) *Die Kano-Analyse – Eine Branchen-übergreifende Längsschnittanalyse.* München/Ravensburg. GRIN-Verlag.

Broeckelmann, P. (2010) *Konsumentenentscheidungen im Mobile Commerce: Eine empirische Untersuchung.* Wiesbaden, Gabler – Verlag.

Bidmon, J. (2004) *Kundenzufriedenheit im Investitionsgütermarketing.* Wiesbaden, Deutscher Universität Verlag.

Beutin, N. (2006) *Verfahren zur Messung der Kundenzufriedenheit im Überblick*; in: Homburg, C. (ed.): Kundenzufriedenheit –Konzepte, Methoden, Erfahrungen. 6. Auflage. Wiesbaden, Gabler Verlag, pp. 121 – 169.

Diaz-Bone, R. (2006*) Statistik für Soziologen.* Konstanz, UVK Verlagsgesellschaft mbh.

Eberhard-Yom, M. (2010) *Usability als Erfolgsfaktor.*Berlin, Cornelsen Verlag Scriptor GmbH.

Finkenzeller, K. (2008) *RFID-Handbuch Grundlagen und praktische Anwendungen von Transpondern, kontaktlosen Chipkarten und NFC.* München, Hanser-Verlag.

Gundlach, C., Jochem, R. (2008) *Six Sigma - kontinuierliche Verbesserung mit Methode* in: Gundlach, C., Jochem, R. (ed.) Praxishandbuch Six Sigma: Fehler vermeiden, Prozesse verbessern, Kosten senken. Düsseldorf, Symposion Publishing GmbH.

Homburg, C., Becker, A., Hentschel, F. (2005) *Der Zusammenhang zwischen Kundenzufriedenheit und Kundenbindung* in: Bruhn, M., Homburg, C. (ed.) Handbuch Kundenbindungs-Management. 5. Auflage. Wiesbaden, Gabler Verlag, pp. 93 - 123.

Herrmann, A., Homburg, C. (2000) *Markforschung: Ziele, Vorgehensweise und Methoden* in: Herrmann, A., Homburg, C. (ed.) Marktforschung. Methoden - Anwendungen - Praxisbeispiele. 2. Auflage. Wiesbaden, Gabler Verlag, pp. 13 - 32.

Herzberg, F., Mausner, B., Snyderman, B.B. (1959) *The Motivation to work*. 2nd edition. New York/Lodon/Sydney, Transaction Publishers.

Herzberg, F. (1966) *Work and the Nature of Man*. Cleveland, World Publishing Company.

Hinterhuber, H.H., Matzler, K. (2009) *Kundenorientierte Unternehmensführung*. 6. Auflage. Wiesbaden, Gabler | GWV – Fachverlage.

Hölzing, J. A. (2008) *Die Kano-Theorie der Kundenzufriedenheitsmessung*. Wiesbaden. Gabler, GWV Fachverlage GmbH.

Homburg, C., Stock – Homburg, R. (2006) *Theoretische Perspektiven zur Kundenzufriedenheit* in: Homburg, C. (ed.) Kundenzufriedenheit –Konzepte, Methoden, Erfahrungen]. 6. Auflage. Wiesbaden, Gabler Verlag, pp. 17 – 52.

Karrer, K., Gauss, B., Steffens, C. (2005) *Beiträge zur Mensch-Maschine-Systemtechnik aus Forschung und Praxis*. Düsseldorf, Symposion Publishing GmbH.

Knop, R. (2009) *Erfolgsfaktoren strategischer Netzwerke kleiner und mittlerer Unternehmen*. Wiesbaden, Gabler | GWV – Fachverlage.

Leschik, S. (2012) *Mobile Payment Techniken – Umsetzung - Akzeptanz*. Baden-Baden, Nomos Verlagsgesellschaft.

Magerhans, A. (2000) *Kundenzufriedenheit im Electronic Commerce*. Göttingen, Beiträge zur Marketing-wissenschaft 34.

Marx, D. (2007) *Nachfrageorientierte Produktgestaltung unter Anwendung des Kano-Modells der Kundenzufriedenheit für ausgewählte Produkte der It-/Tk-Industrie*. München/Ravensburg, GRIN-Verlag.

Müller, S. (2000) *Grundlagen der qualitativen Markforschung* in: Herrmann, A., Homburg, C. (ed.) Marktforschung. Methoden - Anwendungen - Praxisbeispiele. 2. Auflage. Wiesbaden, Gabler Verlag, pp. 127- 158.

Negelmann, B. (2001) *Electronic Business*. In: Diller, H. (ed.) Vahlens großes Marketing-Lexikon. 2. Auflage. München, Vahlen-Verlag, pp. 391.

Nielsen, J. (1993) *Usability Engineering*. Boston, Academic Press.

Nielsen, J., Budia, R. (2013) *Mobile Usability*. Berkeley, New Riders Press.

Richter, M., Flückiger, M. (2010) *Usability Engineering kompakt*. 2. Auflage. Heidelberg, Spektrum Akademischer Verlag.

Rudolph, B. (1998) *Kundenzufriedenheit im Industriegüterbereich*, Wiesbaden, Gabler-Verlag.

Sarodnick, F., Brau, H. (2011) *Methoden der Usability Evaluation: Wissenschaftliche Grundlagen und praktische Anwendung*. 2. Auflage. Bern, Huber-Verlag.

Sauerwein, E. (2000) *Das Kano-Modell der Kundenzufriedenheit*. Wiesbaden, Deutscher Universitäts-Verlag.

Schmaltz, M. (2009) *Methode zur Messung und Steigerung der individuellen Akzeptanz von Informationslogistik in Unternehmen*. Berlin, Logos Verlag Berlin GmbH.

Schneider, H. (2004) *Workflowmanagementsysteme: E-Business-Systeme.* Norderstedt, GRIN – Verlag.

Schwetje, T. (1999) *Kundenzufriedenheit und Arbeitszufriedenheit bei Dienstleistungen.* Wiesbaden, Gabler Betriebswirtschaft -Verlag.

Toutenburg, H., Knöfel, P. (2009) *Six Sigma: Methoden und Statistik für die Praxis.* 2 Auflage. Berlin-Heidelberg, Springer-Verlag.

Turowski, K., Pousttchi, K. (2004) *Mobile Commerce: Grundlagen und Techniken.* Berlin, Springer- Verlag.

Van Tilborg, H., Jajodia, S. (2011) *Encyclopedia of Cryptography and Security, Band 1.* 2nd edition. New York, Springer-Verlag.

Zanger, C., Baier, G. (1998) *Händlerzufriedenheit mit Telekommunikationsgroßhändlern – Eine empirische Untersuchung zum Methodenvergleich zwischen Conjoint-Analyse und Kano-Modell* in: Trommsdorff, V. (ed.) Handelsforschung – Innovation im Handel, Forschungsstelle für den Handel Berlin (Ffh). Wiesbaden, Gabler Verlag, pp. 407-432.

Dissertationen:

Högg, R. (2010) *Erweiterung und Evaluation des Technologieakzeptanzmodells zur Anwendung bei mobilen Datendiensten.* PhD thesis. University St. Gallen.

Wissenschaftliche Journale:

Bailom, F., Hinterhuber, H., Matzler, K., Sauerwein, E. (1996) *Das Kano-Modell der Kundenzufriedenheit.* Marketing-Zeitschrift für Planung, Nr. 2, 117-126.

Bartikowski, B.; Llosa, S. (2004) *Customer Satisfaction Measurement: Comparing four methods of attribute categorisations.* The Service Industries Journal, 24, 4, 67-82.

Berger, C., Blauth, R., Boger, D., Bolster, C., Burchill, G., DuMouchel, W., Pouliot, F., Richter, R., Rubinoff, A., Shen, D., Timko, M., W alden, D. (1993) *Kanos Methods for Understanding Customer-defined Quality.* Center for Quality Management Journal, Nr. 4 Vol. 2, 3-36.

Brauckmann, C. (2011) *Die Zukunft des Bezahlens - zum Hype um Mobile Payments.* Zeitschrift für das gesamte Kreditwesen, November, 1114 – 1119.

Davis, F. D. (1989) *Perceived Usefulness, Perceived Ease of Use, and User Acceptance of Information Technology*, MIS Quarterly 13 (1989) 3, 319-340.

Erevelles, S., Leavitt, C. (1992) *A comparison of current models of consumer satisfaction/dissatisfaction*. Journal of consumer satisfaction, dissatisfaction and complaining behaviour, 5, 104-114.

Fong, D. (1996) *Using the Self-Stated Importance questionnaire to interpret KANO questionnaire results.* Center for Quality Management Journal, Nr. 3, Winter, Vol. 5, 21-23.

Homburg, C., Giering, A., Hentschel, F. (1999) *Der Zusammenhang zwischen Kundenzufriedenheit und Kundenbindung*. Die Betriebswirtschaft, 59, 174–195.

Kano, M. (1968*)* Concept of TQC *and its introduction*. Kuei , Nr. 4 Vol. 35, 20-29.

Kano, M., Takahashi, F. (1979) *The Motivator Hygiene Factor in Quality*. The Journal of the Japanese Society of Quality Control, 9th Annual Presentation Meeting, abstracts, 21-26.

Kano, M., Seraku, N., Takahashi, F., Tsuji, S. (1984) *Attractive Quality and Must-Be Quality*. The Journal of the Japanese Society of Quality Control, Nr. 2 April Vol. 14, 39-48.

Kaasinen E. (2005) *User acceptance of mobile services*, VTT Publications, ESPOO.

Kraft, M. (1999) *Der Kunde im Fokus: Kundennähe, Kundenzufriedenheit, Kundenbindung- und Kundenwert*. Die Betriebswirtschaft, 59, 4, 511 - 530.

Leavitt, C. (1977) *Consumer Satisfaction and Dissatisfaction: Bi-Polar or Independent*. Hunt, H (ed.): Conceptualization and Measurement of Consumer Satisfaction, Cambridge, 132-149.

Lee, M., Newcomp, J. F. (1997) *Applying the Kano Methodology to meet customer requirements: NASA's Mircogravity Sience Programm.* Quality Management Journal, Nr. 3, April, Vol. 4, Chicago, 95-106.

Lerner, T. (2012) *Das Geld liegt in der Luft.* Die Bank, 1. May, 64 - 68.

Maguire, M. (2001) *Context of Use within usability activities.* International Journal Human-Computer Studies, Nr. 55, 453 - 483.

Matzler, K., Hinterhuber, H. H. (1998) *How to make product development projects more successful by integrating Kano's model of customer satisfaction into quality function deployment.* Technovation, 18, 1, 25-38.

McQuitty, S., Finn, A., Wiley, J. B. (2000) *Systematically varying consumer satisfaction and its implications for product choice.* Academy of Marketing Science Review, 10, 1-18.

Strauss, B (1999*) Kundenzufriedenheit.* Marketing ZFP, 21,1, 5-24.

Tacke, M. (2011) *Die Zukunft des Bezahlens ist mobil.* Betriebswirtschaftliche Blätter, November, 618 - 622.

Normen und Standards:

International Organization for Standardization (1999) DIN EN ISO 9241-11. *Usability.* Geneva, ISO.

International Organization for Standardization (2010) DIN EN ISO 9241-210. *Ergonomics of human-system interaction - Part 210: Human-centred design for interactive systems.* Geneva, ISO.

Konferenzen, Tagungsbänder:

Linck, K., Pousttchi, K., Wiedemann, D. G, (2006) *14th European Conference on Information Systems. Security Issues in Mobile Payment from the Customer Viewpoint.* Göteborg, ECIS.

Eisenmann, M., Linck, K., Pousttchi, K. (2004) *Nutzungsszenarien für mobile Bezahlverfahren. Ergebnisse der Studie MP2*. Pousttchi, K., Turowski, K., (ed.): Mobile Economy: Transaktionen, Prozesse, Anwendungen und Dienste. Proceedings zum 4.Workshop Mobile Commerce, Köllen , LNI P-25, 50-62.

Studien:

AGOF (2012) *Berichtsband zur AGOF mobile facts 2012-I*. Arbeitsgemeinschaft Online Forschung (AGOF). Berichtsnummer: 1.

Deutsche Bundesbank (2012a) *Zahlungsverkehrs- und Wertpapierabwicklungsstatistiken in Deutschland 2007 - 2011*. Deutsche Bundesbank. Berichtsnummer: 1.

Deutsche Bundesbank (2012b) *Zahlungsverhalten in Deutschland 2011*. Deutsche Bundesbank. Berichtsnummer: 2.

Faktenkontor (2011) *Bezahlen per Handy: Deutsche sehen keinen Vorteil gegenüber Bargeld und EC-Karte*. Faktenkontor . Berichtsnummer: 1.
[Online] Verfügbar von:
http://www.faktenkontor.de/pdf/FK20110830MobilePayment
[Zugegriffen am 28. August 2012].

Faktenkontor (2012a) *Mpass-Vorstoß: Skepsis gegenüber bargeldlosem Bezahlen per Handy*. Faktenkontor. Berichtsnummer: 2.
[Online] Verfügbar von:
http://www.faktenkontor.de/pdf/FK20120711Mpass_2.pdf
[Zugegriffen am 28. August 2012].

Faktenkontor (2012b) *Bezahlen per Funkchip: Für 58 Prozent der Deutschen ist Aufklärung der Bank entscheidend*. Faktenkontor . Berichtsnummer: 3.
[Online] Verfügbar von:
http://www.faktenkontor.de/pdf/FK20120117Funkchip
[Zugegriffen am 28. August 2012].

KPMG (2010) *Mobile Payment – Anforderungen, Barrieren und Chancen*. KPMG. Berichtsnummer: 1.
[Online] Verfügbar von:
http://www.kpmg.de/docs/KPMG_Mobile_Payment_2010.pdf
[Zugegriffen am 27. August 2012].

Steinbeis (2012) *Mobile Payment – wohin geht die Reise?*. Steinbeis Hochschule Berlin. Berichtsnummer: 1.

wi-mobile (2008) *Ausgestaltung mobiler Bezahlungverfahren – Ergebnisse der Studie MP3*. wi-mobile University Augsburg. Berichtsnummer: 1.
[Online] Verfügbar von:
http://www.wi-mobile.de/fileadmin/Papers/MP/Ausgestaltung-mobiler-Bezahlverfahren_71-09.pdf
[Zugegriffen am 18. Januar 2013].

White Papers:

Smart Card Alliance Contactless Payments Council. (2007) *Proximity Mobile Payments: Leveraging NFC and the Contactless Financial Payments Infrastructure.* CPC-07002. New Jersey, Smart Card Alliance.

Weblogs:

CaschysBlog (2013) *Bezahlen mit der Netto-App: Mein erstes Mal – oder eben nicht.* Weblog. [Online] Verfügbar von:
http://stadt-bremerhaven.de/bezahlen-mit-der-netto-app-mein-erstes-mal-oder-eben-nicht/
[Zugegriffen am 12. Mai 2013].

Geis, T. (2010a) *Usability und User Experience unterscheiden.*
Weblog. [Online] Verfügbar von:
http://blog.procontext.com/2010/03/usability-und-user-experience-unterscheiden.html
[Zugegriffen am 3. November 2012].

Geis, T. (2010b) *Neue ISO 9241-210 „Prozess zur Gestaltung gebrauchstauglicher Systeme" ersetzt die ISO 13407.*
Weblog. [Online] Verfügbar von:
http://blog.procontext.com/2010/03/iso-9241210-prozess-zur-entwicklung-gebrauchstauglicher-interaktiver-systeme-ver%C3%B6ffentlicht.html
[Zugegriffen am 3. November 2012].

Mpayment.de (2012a) *Analyse: Getrübte Aussichten für ISIS Wallet.*
Weblog. [Online] Verfügbar von:
http://mpaymentde.blogspot.de/2012/10/analyse-getrubte-erfolgsaussichten-fur.html
[Zugegriffen am 24. November 2012].

Mpayment.de (2012b) *Der deutsche Markt für „Merchant-Enabled Mobile Payment".*
Weblog. [Online] Verfügbar von:
http://mpaymentde.blogspot.de/2012/10/status-quo-der-deutsche-markt-fur.html
[Zugegriffen am 24. November 2012].

NTTDATA (2013) *Der NTT DATA Blog für Europa.*
Weblog. [Online] Verfügbar von:
http://emea.nttdata.com/blog/de/2012/10/04/mobile-wallet-handlerakzeptanz-ist-die-achillesferse/
[Zugegriffen am 23. April 2013].

Internet Quellen:

4Managers (2012) *Kano Analyse.*
[Online] Verfügbar von:
http://www.4managers.de/management/themen/kano-analyse/
[Zugegriffen am 28. Dezember 2012].

Airtag (2012) *GOMCGO bietet Mobile Payment in 1200 McDonald's Restaurants in Frankreich an.*
[Online] Verfügbar von:
http://www.airtag.com/GOMCDO-will-offer-mobile-payments.html
[Zugegriffen am 24. November 2012].

Amazon (2013) *Amazon.*
[Online] Verfügbar von:
http://www.amazon.de/
[Zugegriffen am 24. April 2013].

Apple (2012a) *Beschreibung der MPass App.*
[Online] Verfügbar von:
https://itunes.apple.com/de/app/mpass/id560550242?mt=8
[Zugegriffen am 24. November 2012].

Apple (2012b) *Beschreibung der Bump Pay App.*
[Online] Verfügbar von:
https://itunes.apple.com/us/app/bump-pay/id512114276?mt=8
[Zugegriffen am 24. November 2012].

BankenOnline (2012) *Dortmunder Volksbank ab 2013 mit virtueller Kreditkarte für O2 Wallet.*
[Online] Verfügbar von:
http://www.bankenonline.org/nachrichten/dortmunder-volksbank-ab-2013-mit-virtueller-kreditkarte-fur-o2-wallet/
[Zugegriffen am 24. November 2012].

Bitkom (2012) *Die wichtigsten Smartphone - Plattformen.*
[Online] Verfügbar von:
http://enterprisit.files.wordpress.com/2012/06/bitkom_smartphone_os2012.jpg
[Zugegriffen am 21. Januar 2013].

Bläsing, J. P. (2012) *Die Kano-Methode.*
[Online] Verfügbar von:
http://www.tqu-group.com/tqu-verlag/texte/QAPPSTexte/KanoMethode.pdf
[Zugegriffen am 1. Mai 2013].

Bredner (2013) *Grundlagen der Datenanalyse.*
[Online] Verfügbar von:
http://www.bb-sbl.de/tutorial/grundlagen.html
[Zugegriffen am 4. April 2013].

BS-Cardservice (2012a) *Erstes GiroGo-Terminal ist in Betrieb.*
[Online] Verfügbar von:
https://www.bs-card-service.com/de/kundenservice/aktuelles/archiv-2012/erstes-girogo-terminal-im-betrieb/
[Zugegriffen am 24. November 2012].

BS-Cardservice (2012b) *GiroGo – Terminal.*
[Online] Verfügbar von:
https://www.bs-card-service.com/uploads/pics/bs_esso-bs_koop_pos_ct.jpg
[Zugegriffen am 24. November 2012].

CardComplete (2013) *Fragen und Antworten zu Contactless Payment.*
[Online] Verfügbar von:
http://www.cardcomplete.com/complete-karten/services/faq-contactless-payment/
[Zugegriffen am 24. April 2013].

Chip (2012) *Google Wallet: Bezahlen mit Geld zurück Garantie.*
[Online] Verfügbar von:
http://www.chip.de/news/Google-Wallet-Bezahlen-mit-Geld-zurueck-Garantie_57835698.html
[Zugegriffen am 24. November 2012].

Connect (2012) *O2 startet Bezahldienst MPASS.*
[Online] Verfügbar von:
http://www.connect.de/news/o2-startet-bezahldienst-mpass-1369001.html
[Zugegriffen am 24. November 2012].

Concept-Consulting (2012) *Bild von GiroGo – Karte.*
[Online] Verfügbar von:
http://www.concept-consulting.net/blog/files/girogo-500x.jpg
[Zugegriffen am 24. November 2012].

DerHandel (2012a) *Visa und Vodafone kooperieren für Handyzahlungen.*
[Online] Verfügbar von:
http://www.derhandel.de/news/technik/pages/M-Payment-Visa-und-Vodafone-kooperieren-fuer-Handyzahlungen-8321.html
[Zugegriffen am 24. November 2012].

DerHandel (2012b) *Stichwort: Kontaktlose Kartenzahlung.*
[Online] Verfügbar von:
http://www.derhandel.de/news/technik/pages/Kartenzahlung-Stichwort-Kontaktlose-Kartenzahlung-(FAQ)-8229.html
[Zugegriffen am 24. November 2012].

DerHandel (2012c) *Sparkassen geben bundesweit girogo-Karten aus.*
[Online] Verfügbar von:
http://www.derhandel.de/news/unternehmen/pages/Kartenzahlung-Sparkassen-geben-bundesweit-girogo-Karten-aus-8920.html
[Zugegriffen am 24. November 2012].

Deutscher Bundesbank (2012c) *Bargeld bleibt das meistgenutzte Zahlungsmittel beim Einkauf.*
[Online] Verfügbar von:
http://www.bundesbank.de/Redaktion/DE/Pressemitteilungen/BBK/2012/2012_10_17_studie_zahlungsverhalten.html
[Zugegriffen am 16. November 2012].

FTD (2012) *Google-Betriebssystem erreicht Marktanteil von drei/viertel.*
[Online] Verfügbar von:
http://www.ftd.de/it-medien/it-telekommunikation/:google-betriebssystem-android-erreicht-marktanteil-von-drei-vierteln/70113730.html
[Zugegriffen am 23. Januar 2013].

Focus (2013) *Nur mit Fingerabdruckt.*
[Online] Verfügbar von:
http://www.focus.de/digital/computer/apple/tid-27722/iphone-6-und-neues-ipad-diese-patente-sichern-apples-zukunft-nur-mit-fingerabdruck_aid_840842.html
[Zugegriffen am 23. Januar 2013].

Forschungsgruppe wi-mobile (2009) *Usability.*
[Online] Verfügbar von:
http://www.wi-mobile.de/fachthemen/mobile-prozesse/usability.html
[Zugegriffen am 7. November 2012].

Geekbecois (2012) *Bild vom PayPass – Terminal.*
[Online] Verfügbar von:
http://www.geekbecois.com/wp-content/uploads/2012/06/PayPass_Loblaws.jpg
[Zugegriffen am 24. November 2012].

Gigaom2 (2013) *Bild der Google Wallet.*
[Online] Verfügbar von:
http://gigaom2.files.wordpress.com/2011/12/google-wallet-2.jpeg
[Zugegriffen am 26. Januar 2013].

Goldbach Interactive (2013) *Apps versus Mobile Websites.*
[Online] Verfügbar von:
http://www.goldbachinteractive.com/aktuell/fachartikel/apps-vs-mobile-websites
[Zugegriffen am 23. Januar 2013].

Golem (2012) *Google Wallet unterstützt alle wichtigen Kreditkarten.*
[Online] Verfügbar von:
http://www.golem.de/news/digitale-geldboerse-google-wallet-unterstuetzt-alle-wichtigen-kreditkarten-1208-93595.html
[Zugegriffen am 24. November 2012].

Google (2013) *Beschreibung der Google Wallet.*
[Online] Verfügbar von:
http://www.google.com/wallet/index.html
[Zugegriffen am 24. April 2013].

GooglePlayStore (2013) *Beschreibung der MPass Android App.*
[Online] Verfügbar von:
https://play.google.com/store/apps/details?id=de.wirecard.mobilewallet.mpass.android&feature=search_result#?t=W251bGwsMSwyLDEsImRlLndpcmVjYXJkLm1vYmlsZXdhbGxldC5tcGFzcy5hbmRyb2lkIl0.
[Zugegriffen am 23. April 2013].

Guardian (2012) *O2 Wallet greift den kontaktlosen Mobile Payment Markt an.*
[Online] Verfügbar von:
http://www.guardian.co.uk/money/2012/apr/26/o2-wallet-contactless-payments
[Zugegriffen am 24. November 2012].

Halloo (2012) *Bild vom PayWave – Terminal.*
[Online] Verfügbar von:
http://www.halloo.com/Blog/wp-content/uploads/2012/02/paywave-terminal.jpg
[Zugegriffen am 24. November 2012].

Heise (2012a) *Kontaktloses Bezahlen mit mpass in Deutschland eingeführt.*
[Online] Verfügbar von:
http://www.heise.de/newsticker/meldung/Kontaktloses-Bezahlen-mit-mpass-in-Deutschland-eingefuehrt-1726319.html
[Zugegriffen am 24. November 2012].

Heise (2012b) *Telekom startet NFC-Bezahlsystem in Polen.*
[Online] Verfügbar von:
http://www.heise.de/newsticker/meldung/Telekom-startet-NFC-Bezahlsystem-in-Polen-1738729.html
[Zugegriffen am 24. November 2012].

Inside-Handy (2013) *Sensoren.*
[Online] Verfügbar von:
http://www.inside-handy.de/lexikon/sensoren
[Zugegriffen am 23. Januar 2013].

ISIS (2013) *Beschreibung der ISIS Wallet.*
[Online] Verfügbar von:
https://www.paywithisis.com/
[Zugegriffen am 24. April 2013].

ITespresso (2013) *Bild der Mpass Wallet.*
[Online] Verfügbar von:
http://www.itespresso.de/wp-content/uploads/2013/01/mpass-geld-senden.jpg
 [Zugegriffen am 26. Januar 2013].

Izettle (2013) *Sichere Kartenzahlungen.*
[Online] Verfügbar von:
http://www.izettle.com/
[Zugegriffen am 24. April 2013].

Klopp, E. (2012) *Die Kano-Methode.*
[Online] Verfügbar von:
http://www.eric-klopp.de/downloads/Die_Kano-Methode.pdf
[Zugegriffen am 4. April 2013].

Macerkopf (2013*) e-wallet: über 500 Millionen iTunes-Nutzer sollen zum Erfolg verhelfen.*
[Online] Verfügbar von:
http://www.macerkopf.de/2013/04/06/apple-e-wallet-ueber-500-millionen-itunes-nutzer-sollen-zum-erfolg-verhelfen/
[Zugegriffen am 14. April 2013].

Managementmethoden.info (2012*) CTQ-Analyse.*
[Online] Verfügbar von:
http://managementmethoden.info/TBProjektWerkzeuge/TBCtq
[Zugegriffen am 1. Mai 2013].

Mastercard (2012) *Abbild der Mastercard mit PayPass-Funktion.*
Online] Verfügbar von:
http://www.mastercard.com/de/elements/img/privatkunden/contact_kartenherausgeber_paypass.png
[Zugegriffen am 24. November 2012].

Mastercard (2013) *Dienstleitungen von PayPass.*
[Online] Verfügbar von:
http://www.mastercard.com/de/haendler/service/service_paypass.html
[Online] Verfügbar von:
 [Zugegriffen am 24. April 2013].

Mobtivity (2012) *Telekom stellt MyWallet auf der IFA vor.*
[Online] Verfügbar von:
http://mobtivity.com/de/news/entry/telekom-stellt-my-wallet-auf-der-ifa-vor.html
[Zugegriffen am 24. November 2012].

Mpass (2013) *MPass Mobiles Geld*.
[Online] Verfügbar von:
http://www.mpass.de
[Zugegriffen am 24. April 2013].

Mybanktracker (2012) *Bild von Visa PayWave – Karte*.
[Online] Verfügbar von:
http://static.mybanktracker.com/bank-news/wp-content/uploads/2009/11/VisaWave.gif
[Zugegriffen am 24. November 2012].

Nielsen Norman Group (2011) *Mini-IA structuring information*.
[Online] Verfügbar von:
http://www.nngroup.com/articles/mini-ia-structuring-information/
[Zugegriffen am 26. Januar 2013].

Patentlyapple (2012) *Patently Apple*.
[Online] Verfügbar von:
http://www.patentlyapple.com/patently-apple/2012/03/apple-wins-patent-for-iwallet-the-one-that-will-rule-the-world.html
[Zugegriffen am 24. November 2012].

PayBack (2013) *Payback*.
[Online] Verfügbar von:
http://www.payback.de/
[Zugegriffen am 23. April 2013].

Payleven (2013) *Kartenzahlungen annehmen*.
[Online] Verfügbar von:
https://payleven.de/
[Zugegriffen am 24. April 2013].

PayPal (2012a) *PayPal Here*.
[Online] Verfügbar von:
https://www.paypal-deutschland.de/presse/mitteilungen/2012/1217248.html
[Zugegriffen am 24. November 2012].

PayPal (2012b) *PayPal startet Einkaufen per QR-Code.*
[Online] Verfügbar von:
http://www.derhandel.de/news/technik/pages/Mobile-Bezahlung-PayPal-startet-Shopping-per-QR-Code-8424.html
[Zugegriffen am 24. April 2013].

PayPal (2013) *PayPal QRShopping.*
[Online] Verfügbar von:
https://www.paypal-deutschland.de/privatkunden/qrshopping.html
[Zugegriffen am 24. April 2013].

Postbank (2012a) *Visa Paywave.*
[Online] Verfügbar von:
https://www.postbank.de/privatkunden/kreditkarten_paywave.html
[Zugegriffen am 24. November 2012].

Postbank (2012b) *Postbank VISA Card GOLD.*
[Online] Verfügbar von:
http://www.postbank.de/privatkunden/visacard_gold.html;jsessionid=6D5D3BC09D24E646DD242438C21053BA8FB0.B126DE
[Zugegriffen am 24. November 2012].

Reuters (2012) *U.S. Starbucks – Filialen bekommen Square Mobile Payment ab November.*
[Online] Verfügbar von:
http://www.reuters.com/article/2012/10/04/us-starbucks-square-idUSBRE89310A20121004
[Zugegriffen am 24. November 2012].

Scharer, M. (2000) *Kano-Methode.*
[Online] Verfügbar von:
http://imihome.imi.uni-karlsruhe.de/nkano_b.html
[Zugegriffen am 29. Dezember 2012].

Schöler (2005) *Kurze Einführung in Quality Function Deployment.*
[Online] Verfügbar von:
http://schoeler.com/pdf/qfd.pdf
[Zugegriffen am 2. Mai 2013].

Sparkasse (2012a) *Kontaktloses Bezahlen mit GiroGo.*
[Online] Verfügbar von:
http://girogo.sparkasse.de/haendler/kontaktloses-bezahlen-mit-girogo.html
[Zugegriffen am 24. November 2012].

Spiegel (2012) *Netzwelt-Ticker.*
[Online] Verfügbar von:
http://www.spiegel.de/netzwelt/web/netzticker-google-wallet-app-net-digg-a-847817.html
[Zugegriffen am 24. November 2012].

Square (2013) *Starten Sie heute die Annahme von Kreditkarten.*
[Online] Verfügbar von:
https://squareup.com/
[Zugegriffen am 24. April 2013].

Statista (2012a) *Anzahl der Smartphone-Benutzer Deutschland.*
[Online] Verfügbar von:
http://de.statista.com/statistik/daten/studie/198959/umfrage/anzahl-der-smartphonenutzer-in-deutschland-seit-2010/
[Zugegriffen am 18. November 2012].

Statista (2013) *Prognostizierte Marktanteile bei Smartphone-Betriebssystemen.*
[Online] Verfügbar von:
http://de.statista.com/statistik/daten/studie/182363/umfrage/prognostizierte-marktanteile-bei-smartphone-betriebssystemen/
[Zugegriffen am 23. Januar 2013].

Stiftung Warentest (2013) *Kreditkarten / Bezahlen im Vorbeigehen.*
[Online] Verfügbar von:
http://www.test.de/Kreditkarten-Bezahlen-im-Vorbeigehen-4441655-4441662/
[Zugegriffen am 24. April 2013].

Streetpay (2013) *Kartenzahlungen IMMER und ÜBERALL akzeptieren.*
[Online] Verfügbar von:
http://www.streetpay.com/
[Zugegriffen am 24. April 2013].

Sumup (2013) *Ab sofort Kartenzahlungen akzeptieren.*
[Online] Verfügbar von:
https://sumup.com/
[Zugegriffen am 24. April 2013].

SurveyMonkey (2013) *Online- Umfragen.*
[Online] Verfügbar von:
http://de.surveymonkey.com
[Zugegriffen am 29. Januar 2013].

T3N (2012a) Mobile Payment: *iZettle startet in Deutschland.*
[Online] Verfügbar von:
http://t3n.de/news/mobile-payment-izettle-startet-423581/
[Zugegriffen am 24. November 2012].

T3N (2012b) *PayPal Here macht Smartphones zur Kasse.*
[Online] Verfügbar von:
http://t3n.de/news/paypal-macht-smartphones-kasse-375751/
[Zugegriffen am 24. November 2012].

T3N (2012c) *Starbucks führt Mobile Payment in Deutschland ein.*
[Online] Verfügbar von:
http://t3n.de/news/starbucks-fuhrt-mobile-payment-403285/
[Zugegriffen am 24. November 2012].

TechCrunch (2012) *Bump Pay Lets You PayPal Someone Wi. A Tap, But Only In-Person.*
[Online] Verfügbar von:
http://techcrunch.com/2012/03/29/bump-pay/
[Zugegriffen am 24. November 2012].

Teltarif (2012) *E-Plus und die Targobank starten mobiles Bezahlen per NFC.*
[Online] Verfügbar von:
http://www.teltarif.de/e-plus-targobank-mobiles-bezahlen-mobile-payment-nfc/news/47229.html
[Zugegriffen am 24. November 2012].

Teltarif (2011) *Deutsche Bahn startet Regelbetrieb bei Touch & Travel.*
[Online] Verfügbar von:
http://www.teltarif.de/touch-travel-regelbetrieb-deutsche-bahn/news/44460.html
[Zugegriffen am 24. November 2012].

T-Online (2013) *Telekom führt die digitale Brieftasche in Deutschland ein.*
[Online] Verfügbar von:
http://www.t-online.de/handy/smartphone/id_62333134/mywallet-telekom-fuehrt-die-digitale-brieftasche-in-deutschland-ein.html
[Zugegriffen am 24. April 2013].

TicketOnline (2013) *Tickets-Konzertkarten.*
[Online] Verfügbar von:
http://www.ticketonline.de/tickets-konzertkarten.html?affiliate=01T&xtor=SEC-3200-GOO-[Allgemein_-_Tickets]-[24224982878]-S-[ticketverkauf]
[Zugegriffen am 23. April 2013].

Touch &Travel (2013) *Mobiles Ticketsystem der Deutschen Bahn.*
[Online] Verfügbar von:
http://www.touchandtravel.de/
[Zugegriffen am 24. November 2012].

Vorbach, S. (2007) *Das Kano-Modell.*
[Online] Verfügbar von:
http://www.uni-graz.at/innoxwww_qm_seminararbeit_bloder_20071220.pdf
[Zugegriffen am 26. Dezember 2012].

Welt (2012a) *Datenschützer warnen vor Funk-Bezahlung GiroGo.*
http://www.welt.de/wirtschaft/webwelt/article106705045/Datenschuetzer-warnen-vor-Funk-Bezahlung-Girogo.html
[Zugegriffen am 24. November 2012].

Welt (2012b) *iZettle macht Smartphones zu Geldkartenterminals.*
[Online] Verfügbar von:
http://www.welt.de/finanzen/verbraucher/article110394450/iZettle-macht-Smartphones-zu-Geldkartenterminals.html
[Zugegriffen am 24. November 2012].

Welt (2012c) *Elektronische Geldbörse zum Selbstbasteln kommt.*
[Online] Verfügbar von:
http://www.welt.de/finanzen/article107279936/Elektronische-Geldboerse-zum-Selbstbasteln-kommt.html
[Zugegriffen am 24. April 2013].

WiWi4u (2007) *Das Portal für WiWi-Studenten, Statistik-Skript.*
[Online] Verfügbar von:
http://www.wiwi4u.de/Statistik-Skript.pdf
[Zugegriffen am 4. April 2013].

ZDNet (2012) *Google macht Wallet zum Cloud Dienst.*
[Online] Verfügbar von:
http://www.zdnet.de/88117299/google-macht-wallet-zum-clouddienst/
[Zugegriffen am 24. April 2013].

Zedge (2013) *Klingeltöne.*
[Online] Verfügbar von:
http://www.zedge.net/ringtones/
[Zugegriffen am 24. April 2013].

Zefferer (2012) *Secure Elements am Beispiel der Google Wallet.*
[Online] Verfügbar von:
http://www.a-sit.at/pdfs/Technologiebeobachtung/20120428%20Studie_Google_Wallet.pdf
[Zugegriffen am 23. Januar 2013].

Anhangverzeichnis

Seite:

Anhang 1: Produktkriterien-Katalog für die Expertenbefragung   130-135
Anhang 2: Fragebogen   136

Anhang 1:

Produktkriterien-Katalog für die Expertenbefragung

1. Spezielle Produktkriterien / Anforderungen an die „Mobile Wallet" im stationären Handel aus Sicht des Kunden

1.1 Gebrauchstauglichkeit (Usability)

Funktional formuliert:

1.1.1 Für den Bezahlung-Vorgang wird das Smartphone einfach in einem kurzen Abstand (< 10 cm) kontaktlos am Kassenterminal gehalten (Tap & Go);

1.1.2 Die „Mobile Wallet" funktioniert auch wie eine EC- oder Kreditkarte und kann bei ausgeschalteten Smartphone benutzt werden;

1.1.3 Die Smartphone-Sensoren, der Vibrationsalarm, die Lautsprecher und die Fotoleuchte unterstützen beim Bezahlvorgang;

1.1.4 Die Benutzeroberfläche ist nutzungsbasiert, minimalistisch und klar strukturiert;

1.1.5 Während der Nutzung der „Mobile Wallet" sind alle anderen Smartphone-Funktionen (z. Bsp. Telefon) deaktiviert;

1.1.6 Die „Mobile Wallet" kann außerhalb des Touchscreen über einen zusätzlichen Schalter, ähnlich wie dem Ein/Aus-Schalter, aktiviert werden;

1.1.7 Die Betragshöhe, mit der ich ohne zusätzliche Sicherheitsabfrage (PIN) bezahlen kann, ist frei konfigurierbar;

1.1.8 Das Prepaid-Guthaben der „Mobile Wallet" kann ich an jedem Geldausgabe-Automaten oder anderen Einzahl-Terminals in den Geschäften aufladen;

1.1.9 Geschäfte, in denen die „Mobile Wallet" benutzt werden kann, können mittels GPS-Navigation aufgesucht werden;

1.1.10 Geschäfte, in denen man die „Mobile Wallet" nutzen kann, sind von außen, zum Beispiel im Schaufenster durch eine Anzeige, erkennbar;

Dysfunktional formuliert:

1.1.11 Die „Mobile Wallet" ist nicht in allen Geschäften nutzbar;

1.2 Nutzen (Utility)

Funktional formuliert:

1.2.1 Die Wartezeiten an der Kasse und an Automaten werden durch die „Mobile Wallet" reduziert;

1.2.2 Das umständliche Handling von Scheinen und Kleingeld an der Kasse oder dem Automaten wird durch die „Mobile Wallet" abgelöst;

1.2.3 Die „Mobile Wallet" verfügt über eine einfache Ausgabenkontrolle und zeigt die schon ausgeführten Bezahlvorgänge auf;

1.2.4 Die Höhe und Verfügbarkeit des Geldbetrages richtet sich alleine nur am Prepaid- Konto oder dem Verfügungsrahmen des Giro- und Kreditkartenkonto aus;

1.2.5 Die „Mobile Wallet" unterstützt Prepaid, PayPal, Lastschriften und alle gängigen EC- und Kreditkarten inkl. deren Abrechnungsverfahren;

1.2.6 Die „Mobile Wallet" berücksichtigt automatisch die hinterlegten Kunden- /Bonuskarten und Geschenk-/Gutscheinkarten;

1.2.7 Mit der „Mobile Wallet" können auch Waren an den Geschäfts-Regalen, an Werbeplakaten und an Schaufenstern beauftragt und bezahlt werden;

1.2.8 In der „Mobile Wallet" kann man erworbene Tickets sicher abgelegen und auf Anfrage anzeigen bzw. übermitteln;

1.3 Sicherheit und Vertrauen (Security & Trust)

Funktional formuliert:

1.3.1 Der Start der „Mobile Wallet" und ggf. die Bestätigung einzelner Bezahlungen werden durch eine Kennwort-Abfrage (PIN) geschützt;

1.3.2 Die „Mobile Wallet" kann bei ausgeschalteten Smartphone nicht genutzt werden;

1.3.3 Die zur Zahlungsabwicklung benötigten, sensiblen Daten (Kontonummer usw.) liegen in einem geschützten Bereich (Secure Element) auf dem Smartphone;

1.3.4 Die „Mobile Wallet" kann bei Verlust oder Diebstahl direkt über eine zentrale Rufnummer oder Internet-Seite deaktiviert werden;

1.3.5 Die „Mobile Wallet" kann bei Verlust oder Diebstahl, welches mit allen anderen Zahlungsvarianten (EC-/Kreditkarten/Lastschrift usw.) verknüpft ist;

1.3.6 Das Löschen der „Mobile Wallet" auf dem Smartphone ist vollständig und sicher;

Dysfunktional formuliert:

1.3.7 Alle Bezahlungen mittels der „Mobile Wallet" können nachverfolgt werden, es gibt keine garantierte Anonymität;

1.3.8 Das Ausspähen von sensiblen Benutzerdaten während des Bezahlvorgangs ist nicht gänzlich auszuschließen;

1.3.9 Die Störung des Bezahlvorgangs bewusst oder unbewusst durch Dritte oder Technik ist möglich;

1.3.10 Die Dauer des Bezahlvorgangs wird durch zusätzliche Sicherheit (z. Bsp. weitere PIN-Abfrage) höher als bei Bargeld oder EC-/ Kreditkarten;

1.4 Barrierefreier Zugang (Accessibilty)

Funktional formuliert:

1.4.1 Körperlich behinderte Menschen unterstützt die „Mobile Wallet" mit Sprach- und Signalausgabe (Ton, Vibration);

Wichtigsten Produktkriterien:

2. Allgemeine Produktkriterien / Anforderungen an die „Mobile Wallet" aus Sicht des Kunden

2.1 Gebrauchstauglichkeit (Usability):

Funktional formuliert:

2.1.1 Programm-Updates bezüglich Funktionalität und Sicherheit werden automatisch über das Internet (z. Bsp. App-Stores) angeboten und durchgeführt;

2.1.2 Das Herunterladen und die Installation der Anwendung (Registrierung und Konfiguration) kann man bequem von überall (Mobil oder PC) über das Internet durchführen;

2.1.3 Programm-Variationen für alle großen Smartphone-Betriebssysteme, wie Google Android, Apple IOS und Microsoft Windows Phone, werden angeboten;

2.1.4 Die „Mobile Wallet" ist nicht fest an das Smartphone bzw. dessen Hersteller oder einem Telekommunikations-Unternehmen gebunden;

2.1.5 Jedes Smartphone kann für die Mobile Wallet genutzt werden;

2.1.6 Das Prepaid-Guthaben der „Mobile Wallet" kann man per Sofort-Überweisung übers Internet (Mobil oder PC) und mittels normaler Überweisung und Lastschrift aufladen;

2.1.7 Die „Mobile Wallet" kann auch im Ausland genutzt werden;

2.2 Nutzen (Utility)

Funktional formuliert:

2.2.1 Die „Mobile Wallet" kann noch andere Informationen (z. Bsp. elektronischer Ausweis) und Funktionen (z. Bsp. Schlüssel) übernehmen und somit die physische Geldbörse ersetzen;

2.2.2 Durch das kontaktlose Bezahlen ist die „Mobile Wallet" gegenüber Bargeld und EC-/Kreditkaten hygienischer;

2.2.3 Die Anbieter der „Mobile Wallet" zeigen Infos und Werbung zu anderen Produkten in der Anwendung an;

2.2.4 Mit der „Mobile Wallet" kann man auch beim Online – Shopping im Internet am PC(wie z. Bsp. Paypal) bezahlen;

2.2.5 Die „Mobile Wallet" kann mit einem Kartenlese-Gerät (z. Bsp. am Kopfhörer- oder USB-Anschluss auch Bezahlungen über EC- und Kreditkarte annehmen;

2.2.6 Zwei Personen mit einer „Mobile Wallet" können sich gegenseitig Zahlungen senden;

2.3 Sicherheit und Vertrauen (Security & Trust)

Funktional formuliert:

2.3.1 Die Beratung, der Vertrieb und der Service der „Mobile Wallet" findet ausschließlich über Banken statt;

2.3.2 Die Sicherheit des gesamten Abwicklungsvorgangs inkl. der beteiligten Unternehmen ist von einer unabhängigen Gesellschaft zertifiziert und abgenommen;

2.3.3 Eine Vorort-Registrierung der „Mobile Wallet" z. Bsp. in Bank-Filialen ist Pflicht;

2.3.4 Eine Missbrauch-Versicherung gegen Verlust größerer Geldbeträge kann abgeschlossen;

2.3.5 Es gibt nur einen vom Staat Deutschland akzeptierten Anbieter der „Mobile Wallet";

2.3.6 Für die „Mobile Wallet" gilt nur ein allgemein gültiger Standard hinsichtlich der Sicherheit, den Prozessen und der Technik;

2.3.7 Das Angebot und Geschäftsmodell der „Mobile Wallet" ist klar und eindeutig definiert;

2.4 Kosten (Costs)

Funktional formuliert:

2.4.1 Die Fixkosten und die transaktionsabhängigen Gebühren der „Mobile Wallet" sind vergleichbar mit denen der EC/- Kreditkarten;

2.4.2 Die Gebührenstruktur der „Mobile Wallet" ist transparent und einfach zu verstehen;

2.5 Sozialer Status (Social Status)

Funktional formuliert:

2.5.1 Die „Mobile Wallet" wird in den drei Varianten Standard, Gold und Platin angeboten, welche jeweils einen unterschiedlichen Funktionsumfang, verfügbaren Betrag und Absicherung beinhalten;

Wichtigsten Produktkriterien:

Weitere Bemerkungen:

Anhang 2:

Untersuchung der Produktkriterien einer Smartphone - Geldbörse, welche zu Zufriedenheit und Akzeptanz bei den Endanwendern führen

Beschreibung der Befragung

Sehr geehrte Damen und Herren,

vielen Dank für Ihre Unterstützung!

Ein Smartphone kann mit einer speziellen Anwendung und einer geeigneten Funktechnologie als Bezahlmedium und Alternative zu Bargeld und EC-/Kreditkarten im Handel genutzt werden.

In der folgenden Befragung geht es um die Ermittlung von Produkteigenschaften, welche zu Zufriedenheit und Akzeptanz bei den Endanwendern führen. Es werden Kriterien zur Gebrauchstauglichkeit, zum Nutzen, zur Sicherheit und den Kosten abgefragt. Bitte wählen Sie Ihre Einstellung pro Eigenschaft aus. Dabei haben Sie folgende Antwort-Möglichkeiten:

- Das würde mich sehr freuen
- Das setze ich voraus
- Das ist mir egal
- Das könnte ich eventuell in Kauf nehmen
- Das würde mich sehr stören
- Das kann ich nicht beurteilen

Bitte geben Sie jeweils eine Antwort bei Erfüllung und Nicht-Erfüllung der Produkteigenschaft an.

Beispiel:

1. Die Smartphone-Geldbörse ist in allen Geschäften nutzbar

Ihre Antwort-Möglichkeiten:

Wie ist Ihre Einstellung bei Erfüllung dieser Produkteigenschaft?	Das würde mich sehr freuen
Wie ist Ihre Einstellung bei Nicht-Erfüllung dieser Produkteigenschaft?	Das könnte ich eventuell in Kauf nehmen

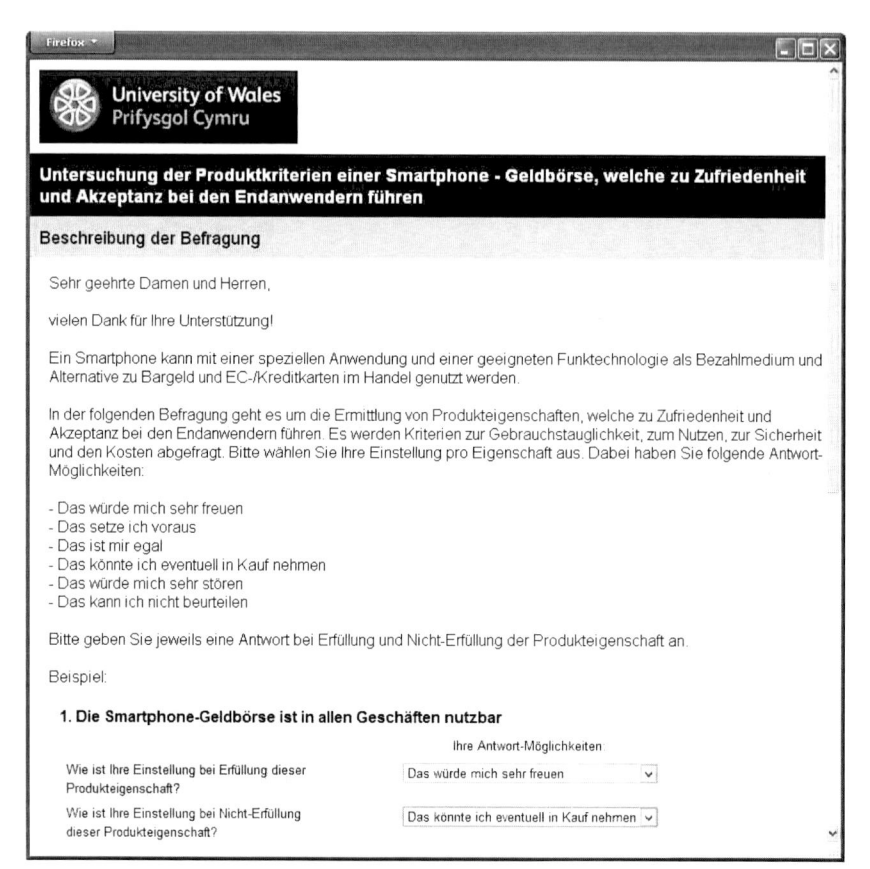

Abbildung 44: Online - Befragung: Eingangsseite 1/2

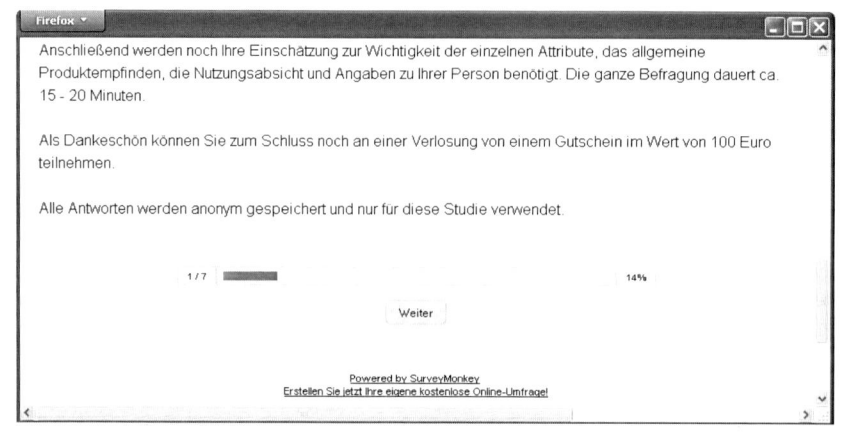

Anschließend werden noch Ihre Einschätzung zur Wichtigkeit der einzelnen Attribute, das allgemeine Produktempfinden, die Nutzungsabsicht und Angaben zu Ihrer Person benötigt. Die ganze Befragung dauert ca. 15 - 20 Minuten.

Als Dankeschön können Sie zum Schluss noch an einer Verlosung von einem Gutschein im Wert von 100 Euro teilnehmen.

Alle Antworten werden anonym gespeichert und nur für diese Studie verwendet.

1 / 7   14%

Weiter

Powered by SurveyMonkey
Erstellen Sie jetzt Ihre eigene kostenlose Online-Umfrage!

Abbildung 45: Online - Befragung: Eingangsseite 2/2

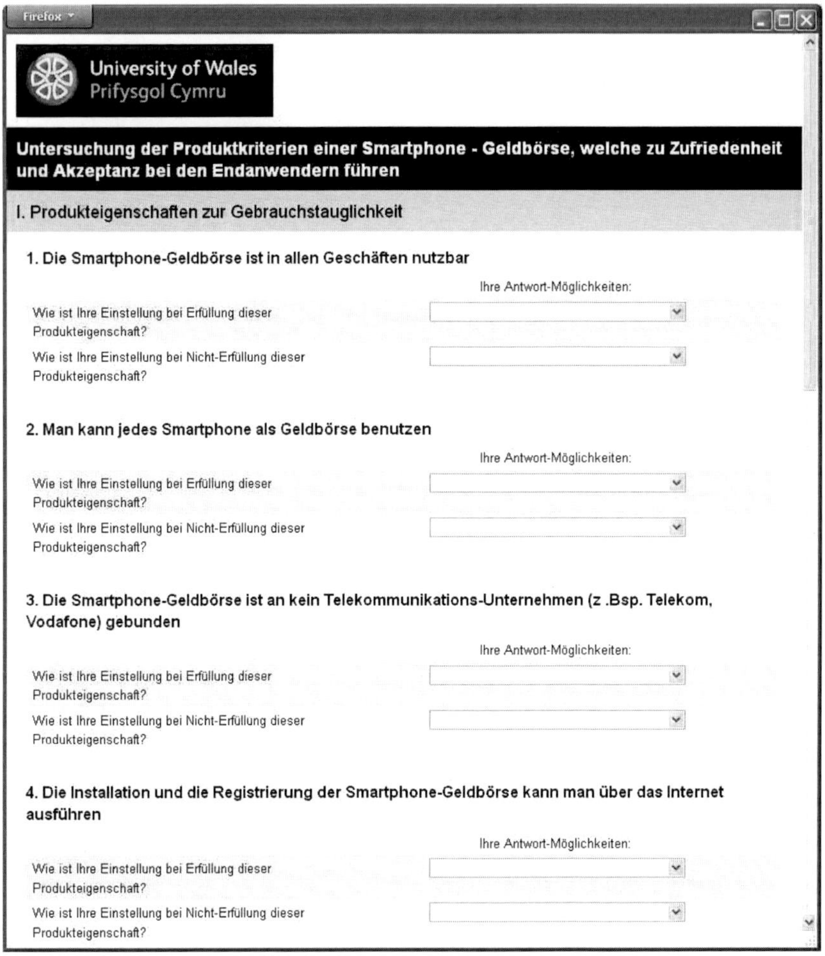

University of Wales
Prifysgol Cymru

Untersuchung der Produktkriterien einer Smartphone - Geldbörse, welche zu Zufriedenheit und Akzeptanz bei den Endanwendern führen

I. Produkteigenschaften zur Gebrauchstauglichkeit

1. Die Smartphone-Geldbörse ist in allen Geschäften nutzbar

Ihre Antwort-Möglichkeiten:

Wie ist Ihre Einstellung bei Erfüllung dieser Produkteigenschaft?

Wie ist Ihre Einstellung bei Nicht-Erfüllung dieser Produkteigenschaft?

2. Man kann jedes Smartphone als Geldbörse benutzen

Ihre Antwort-Möglichkeiten:

Wie ist Ihre Einstellung bei Erfüllung dieser Produkteigenschaft?

Wie ist Ihre Einstellung bei Nicht-Erfüllung dieser Produkteigenschaft?

3. Die Smartphone-Geldbörse ist an kein Telekommunikations-Unternehmen (z .Bsp. Telekom, Vodafone) gebunden

Ihre Antwort-Möglichkeiten:

Wie ist Ihre Einstellung bei Erfüllung dieser Produkteigenschaft?

Wie ist Ihre Einstellung bei Nicht-Erfüllung dieser Produkteigenschaft?

4. Die Installation und die Registrierung der Smartphone-Geldbörse kann man über das Internet ausführen

Ihre Antwort-Möglichkeiten:

Wie ist Ihre Einstellung bei Erfüllung dieser Produkteigenschaft?

Wie ist Ihre Einstellung bei Nicht-Erfüllung dieser Produkteigenschaft?

Abbildung 46: Online - Befragung: Abfrage der Usability – Kriterien 1/3

5. Die Benutzeroberfläche der Smartphone-Geldbörse ist minimalistisch und nutzungsbasiert

Ihre Antwort-Möglichkeiten:

Wie ist Ihre Einstellung bei Erfüllung dieser Produkteigenschaft?

Wie ist Ihre Einstellung bei Nicht-Erfüllung dieser Produkteigenschaft?

6. Der verfügbare Geldbetrag der Smartphone-Geldbörse kann neben Überweisung/Lastschrift auch an Geldausgabe-Automaten aufgeladen werden

Ihre Antwort-Möglichkeiten:

Wie ist Ihre Einstellung bei Erfüllung dieser Produkteigenschaft?

Wie ist Ihre Einstellung bei Nicht-Erfüllung dieser Produkteigenschaft?

7. Zur Bezahlung von Kleinbeträgen (z. Bsp.< 25 Euro) wird das Smartphone einfach nur in einem kurzen Abstand (< 4 cm) kontaktlos am Kassenterminal halten. Eine zusätzliche Kennwort-Abfrage ist nicht nötig.

Ihre Antwort-Möglichkeiten:

Wie ist Ihre Einstellung bei Erfüllung dieser Produkteigenschaft?

Wie ist Ihre Einstellung bei Nicht-Erfüllung dieser Produkteigenschaft?

8. Die Smartphone-Geldbörse funktioniert auch ohne Strom (leerer Akku) und Internet-Verbindung

Ihre Antwort-Möglichkeiten:

Wie ist Ihre Einstellung bei Erfüllung dieser Produkteigenschaft?

Wie ist Ihre Einstellung bei Nicht-Erfüllung dieser Produkteigenschaft?

Abbildung 47: Online - Befragung: Abfrage der Usability – Kriterien 2/3

9. Die Smartphone-Geldbörse besitzt eine Navigationsfunktion zum Auffinden von Geschäften, in denen man sie als Bezahlmedium nutzen kann

Ihre Antwort-Möglichkeiten:

Wie ist Ihre Einstellung bei Erfüllung dieser Produkteigenschaft?

Wie ist Ihre Einstellung bei Nicht-Erfüllung dieser Produkteigenschaft?

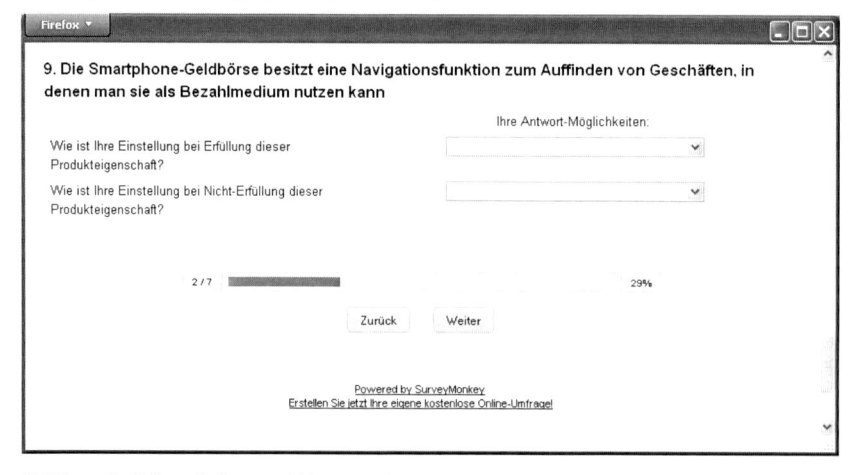

2 / 7   29%

Zurück   Weiter

Powered by SurveyMonkey
Erstellen Sie jetzt Ihre eigene kostenlose Online-Umfrage!

Abbildung 48: Online - Befragung: Abfrage der Usability – Kriterien 3/3

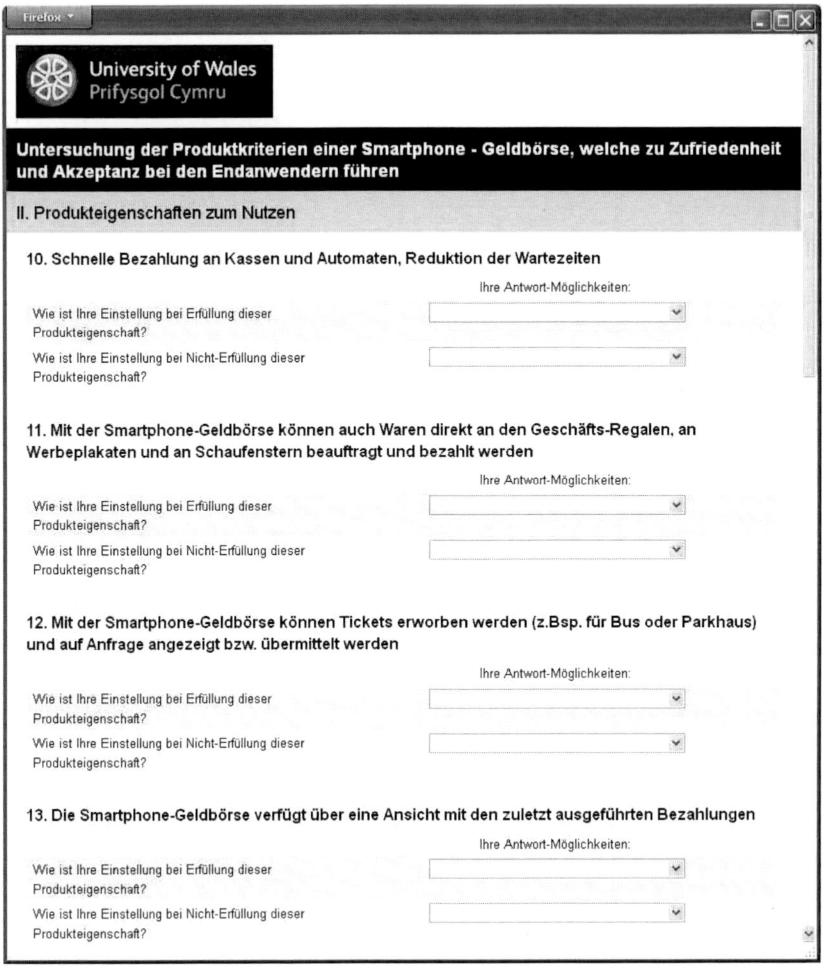

University of Wales
Prifysgol Cymru

Untersuchung der Produktkriterien einer Smartphone - Geldbörse, welche zu Zufriedenheit und Akzeptanz bei den Endanwendern führen

II. Produkteigenschaften zum Nutzen

10. Schnelle Bezahlung an Kassen und Automaten, Reduktion der Wartezeiten

Ihre Antwort-Möglichkeiten:

Wie ist Ihre Einstellung bei Erfüllung dieser Produkteigenschaft?

Wie ist Ihre Einstellung bei Nicht-Erfüllung dieser Produkteigenschaft?

11. Mit der Smartphone-Geldbörse können auch Waren direkt an den Geschäfts-Regalen, an Werbeplakaten und an Schaufenstern beauftragt und bezahlt werden

Ihre Antwort-Möglichkeiten:

Wie ist Ihre Einstellung bei Erfüllung dieser Produkteigenschaft?

Wie ist Ihre Einstellung bei Nicht-Erfüllung dieser Produkteigenschaft?

12. Mit der Smartphone-Geldbörse können Tickets erworben werden (z.Bsp. für Bus oder Parkhaus) und auf Anfrage angezeigt bzw. übermittelt werden

Ihre Antwort-Möglichkeiten:

Wie ist Ihre Einstellung bei Erfüllung dieser Produkteigenschaft?

Wie ist Ihre Einstellung bei Nicht-Erfüllung dieser Produkteigenschaft?

13. Die Smartphone-Geldbörse verfügt über eine Ansicht mit den zuletzt ausgeführten Bezahlungen

Ihre Antwort-Möglichkeiten:

Wie ist Ihre Einstellung bei Erfüllung dieser Produkteigenschaft?

Wie ist Ihre Einstellung bei Nicht-Erfüllung dieser Produkteigenschaft?

Abbildung 49: Online - Befragung: Abfrage der Utility – Kriterien 1/3

14. Bei der Smartphone-Geldbörse kann ich zur Bezahlung auch flexibel die Daten einer EC- oder Kreditkarte auswählen

Ihre Antwort-Möglichkeiten:

Wie ist Ihre Einstellung bei Erfüllung dieser Produkteigenschaft?

Wie ist Ihre Einstellung bei Nicht-Erfüllung dieser Produkteigenschaft?

15. Die Smartphone-Geldbörse unterstützt als Abrechnungsvariante PayPal

Ihre Antwort-Möglichkeiten:

Wie ist Ihre Einstellung bei Erfüllung dieser Produkteigenschaft?

Wie ist Ihre Einstellung bei Nicht-Erfüllung dieser Produkteigenschaft?

16. Die Smartphone-Geldbörse berücksichtigt automatisch die Daten von Kunden-,Bonus-,Geschenk-, und Gutscheinkarten

Ihre Antwort-Möglichkeiten:

Wie ist Ihre Einstellung bei Erfüllung dieser Produkteigenschaft?

Wie ist Ihre Einstellung bei Nicht-Erfüllung dieser Produkteigenschaft?

17. Mit der Smartphone-Geldbörse kann man auch Online – Einkäufe im Internet bezahlen

Ihre Antwort-Möglichkeiten:

Wie ist Ihre Einstellung bei Erfüllung dieser Produkteigenschaft?

Wie ist Ihre Einstellung bei Nicht-Erfüllung dieser Produkteigenschaft?

18. Zwei Personen mit einer Smartphone-Geldbörse können sich gegenseitig Zahlungen senden

Ihre Antwort-Möglichkeiten:

Wie ist Ihre Einstellung bei Erfüllung dieser Produkteigenschaft?

Wie ist Ihre Einstellung bei Nicht-Erfüllung dieser Produkteigenschaft?

Abbildung 50: Online - Befragung: Abfrage der Utility – Kriterien 2/3

19. Die Smartphone-Geldbörse kann noch andere Informationen (z. Bsp. elektronischer Ausweis) und Funktionen (z. Bsp. Schlüssel) übernehmen und somit komplett die physische Geldbörse ersetzen

Ihre Antwort-Möglichkeiten:

Wie ist Ihre Einstellung bei Erfüllung dieser Produkteigenschaft?

Wie ist Ihre Einstellung bei Nicht-Erfüllung dieser Produkteigenschaft?

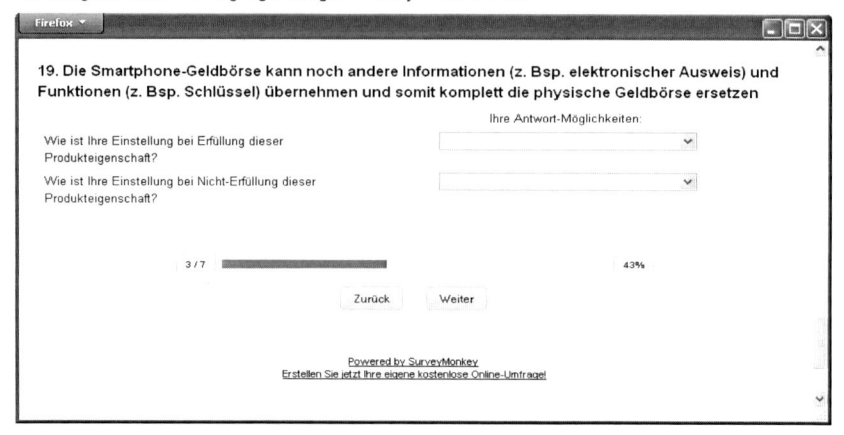

3 / 7   43%

Zurück   Weiter

Powered by SurveyMonkey
Erstellen Sie jetzt Ihre eigene kostenlose Online-Umfrage!

Abbildung 51: Online - Befragung: Abfrage der Utility – Kriterien 3/3

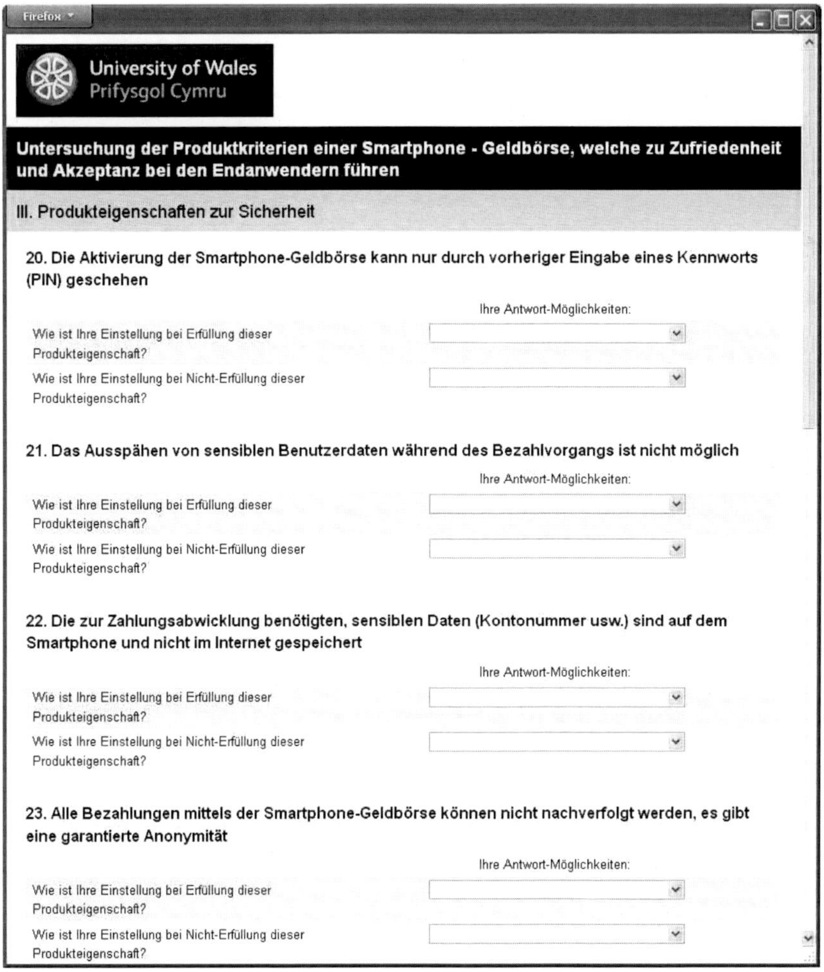

University of Wales
Prifysgol Cymru

Untersuchung der Produktkriterien einer Smartphone - Geldbörse, welche zu Zufriedenheit und Akzeptanz bei den Endanwendern führen

III. Produkteigenschaften zur Sicherheit

20. Die Aktivierung der Smartphone-Geldbörse kann nur durch vorheriger Eingabe eines Kennworts (PIN) geschehen

Ihre Antwort-Möglichkeiten:

Wie ist Ihre Einstellung bei Erfüllung dieser Produkteigenschaft?

Wie ist Ihre Einstellung bei Nicht-Erfüllung dieser Produkteigenschaft?

21. Das Ausspähen von sensiblen Benutzerdaten während des Bezahlvorgangs ist nicht möglich

Ihre Antwort-Möglichkeiten:

Wie ist Ihre Einstellung bei Erfüllung dieser Produkteigenschaft?

Wie ist Ihre Einstellung bei Nicht-Erfüllung dieser Produkteigenschaft?

22. Die zur Zahlungsabwicklung benötigten, sensiblen Daten (Kontonummer usw.) sind auf dem Smartphone und nicht im Internet gespeichert

Ihre Antwort-Möglichkeiten:

Wie ist Ihre Einstellung bei Erfüllung dieser Produkteigenschaft?

Wie ist Ihre Einstellung bei Nicht-Erfüllung dieser Produkteigenschaft?

23. Alle Bezahlungen mittels der Smartphone-Geldbörse können nicht nachverfolgt werden, es gibt eine garantierte Anonymität

Ihre Antwort-Möglichkeiten:

Wie ist Ihre Einstellung bei Erfüllung dieser Produkteigenschaft?

Wie ist Ihre Einstellung bei Nicht-Erfüllung dieser Produkteigenschaft?

Abbildung 52: Online - Befragung: Abfrage der Security – Kriterien 1/2

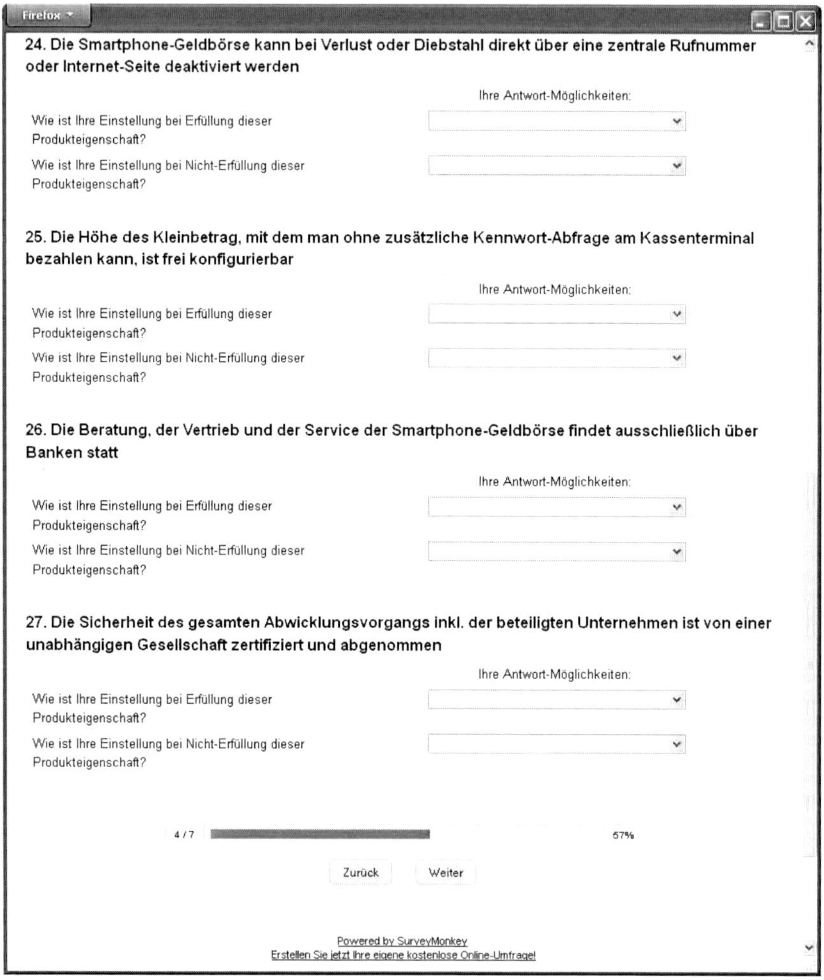

24. Die Smartphone-Geldbörse kann bei Verlust oder Diebstahl direkt über eine zentrale Rufnummer oder Internet-Seite deaktiviert werden

Ihre Antwort-Möglichkeiten:

Wie ist Ihre Einstellung bei Erfüllung dieser Produkteigenschaft?

Wie ist Ihre Einstellung bei Nicht-Erfüllung dieser Produkteigenschaft?

25. Die Höhe des Kleinbetrag, mit dem man ohne zusätzliche Kennwort-Abfrage am Kassenterminal bezahlen kann, ist frei konfigurierbar

Ihre Antwort-Möglichkeiten:

Wie ist Ihre Einstellung bei Erfüllung dieser Produkteigenschaft?

Wie ist Ihre Einstellung bei Nicht-Erfüllung dieser Produkteigenschaft?

26. Die Beratung, der Vertrieb und der Service der Smartphone-Geldbörse findet ausschließlich über Banken statt

Ihre Antwort-Möglichkeiten:

Wie ist Ihre Einstellung bei Erfüllung dieser Produkteigenschaft?

Wie ist Ihre Einstellung bei Nicht-Erfüllung dieser Produkteigenschaft?

27. Die Sicherheit des gesamten Abwicklungsvorgangs inkl. der beteiligten Unternehmen ist von einer unabhängigen Gesellschaft zertifiziert und abgenommen

Ihre Antwort-Möglichkeiten:

Wie ist Ihre Einstellung bei Erfüllung dieser Produkteigenschaft?

Wie ist Ihre Einstellung bei Nicht-Erfüllung dieser Produkteigenschaft?

4 / 7   57%

Zurück   Weiter

Powered by SurveyMonkey
Erstellen Sie jetzt Ihre eigene kostenlose Online-Umfrage!

Abbildung 53: Online - Befragung: Abfrage der Security – Kriterien 2/2

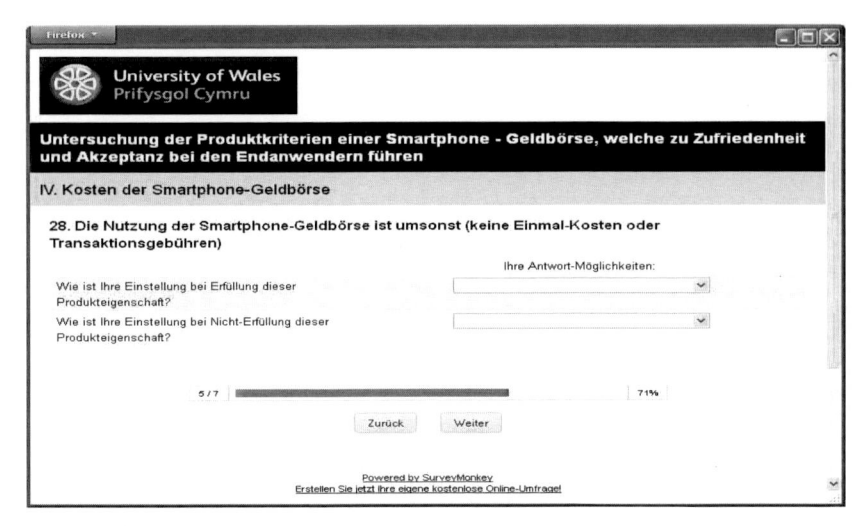

Abbildung 54: Online - Befragung: Abfrage der Kosten – Kriterien

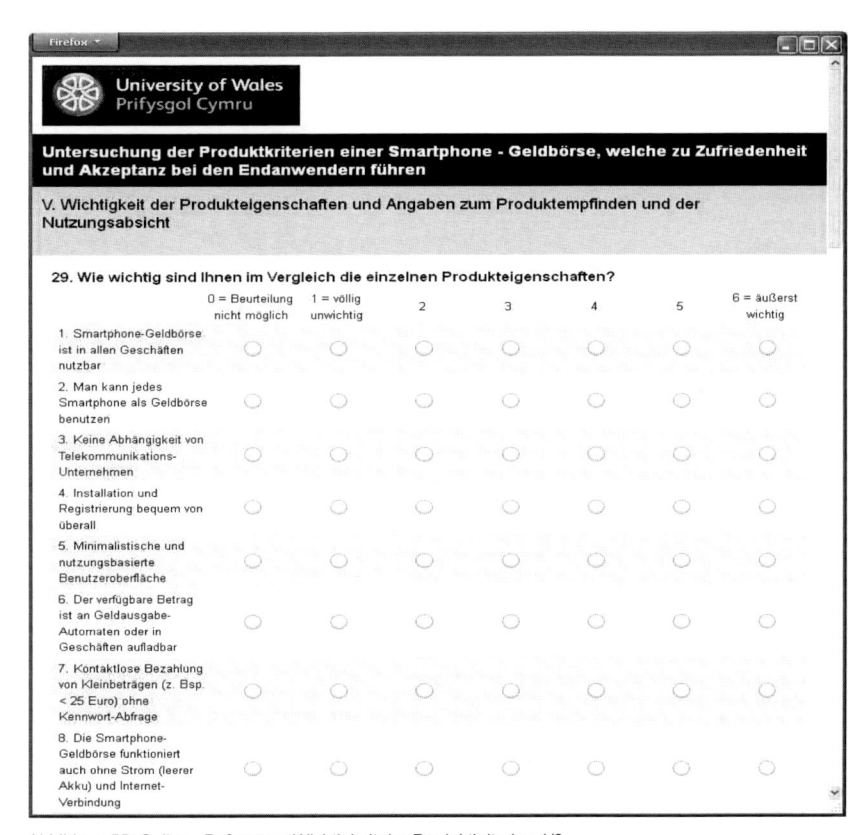

Abbildung 55: Online - Befragung: Wichtigkeit der Produktkriterien 1/3

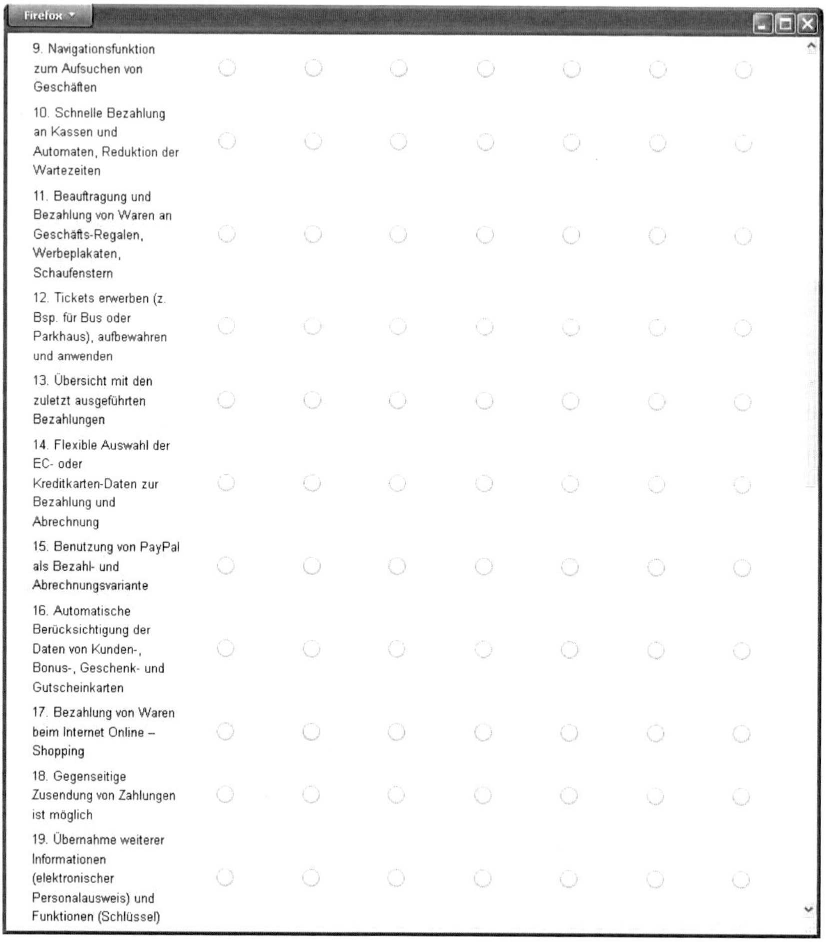

9. Navigationsfunktion zum Aufsuchen von Geschäften	○	○	○	○	○	○	○
10. Schnelle Bezahlung an Kassen und Automaten, Reduktion der Wartezeiten	○	○	○	○	○	○	○
11. Beauftragung und Bezahlung von Waren an Geschäfts-Regalen, Werbeplakaten, Schaufenstern	○	○	○	○	○	○	○
12. Tickets erwerben (z. Bsp. für Bus oder Parkhaus), aufbewahren und anwenden	○	○	○	○	○	○	○
13. Übersicht mit den zuletzt ausgeführten Bezahlungen	○	○	○	○	○	○	○
14. Flexible Auswahl der EC- oder Kreditkarten-Daten zur Bezahlung und Abrechnung	○	○	○	○	○	○	○
15. Benutzung von PayPal als Bezahl- und Abrechnungsvariante	○	○	○	○	○	○	○
16. Automatische Berücksichtigung der Daten von Kunden-, Bonus-, Geschenk- und Gutscheinkarten	○	○	○	○	○	○	○
17. Bezahlung von Waren beim Internet Online – Shopping	○	○	○	○	○	○	○
18. Gegenseitige Zusendung von Zahlungen ist möglich	○	○	○	○	○	○	○
19. Übernahme weiterer Informationen (elektronischer Personalausweis) und Funktionen (Schlüssel)	○	○	○	○	○	○	○

Abbildung 56: Online - Befragung: Wichtigkeit der Produktkriterien 2/3

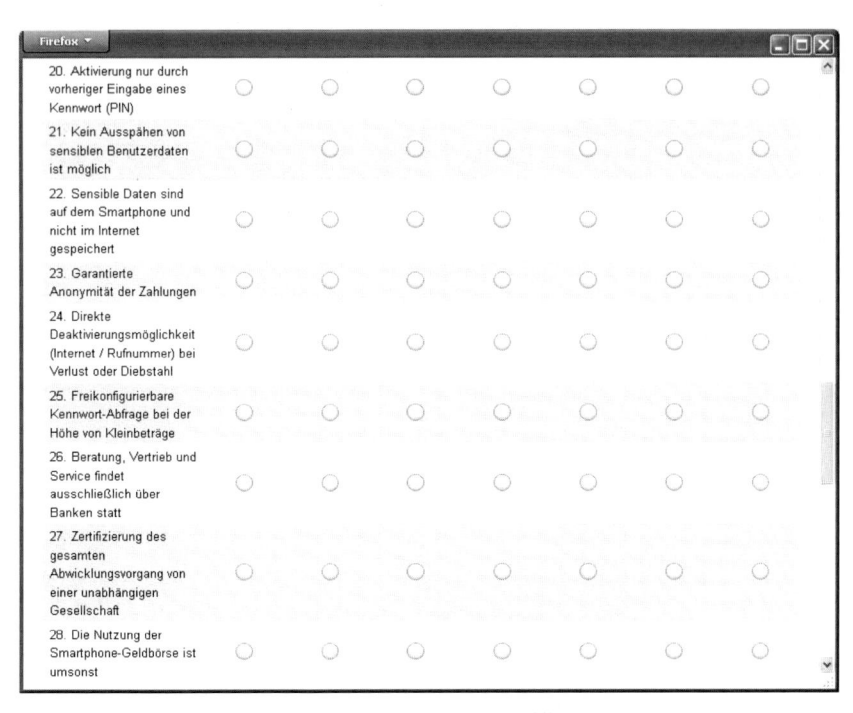

20. Aktivierung nur durch vorheriger Eingabe eines Kennwort (PIN)	○	○	○	○	○	○	○
21. Kein Ausspähen von sensiblen Benutzerdaten ist möglich	○	○	○	○	○	○	○
22. Sensible Daten sind auf dem Smartphone und nicht im Internet gespeichert	○	○	○	○	○	○	○
23. Garantierte Anonymität der Zahlungen	○	○	○	○	○	○	○
24. Direkte Deaktivierungsmöglichkeit (Internet / Rufnummer) bei Verlust oder Diebstahl	○	○	○	○	○	○	○
25. Freikonfigurierbare Kennwort-Abfrage bei der Höhe von Kleinbeträge	○	○	○	○	○	○	○
26. Beratung, Vertrieb und Service findet ausschließlich über Banken statt	○	○	○	○	○	○	○
27. Zertifizierung des gesamten Abwicklungsvorgang von einer unabhängigen Gesellschaft	○	○	○	○	○	○	○
28. Die Nutzung der Smartphone-Geldbörse ist umsonst	○	○	○	○	○	○	○

Abbildung 57: Online - Befragung: Wichtigkeit der Produktkriterien 3/3

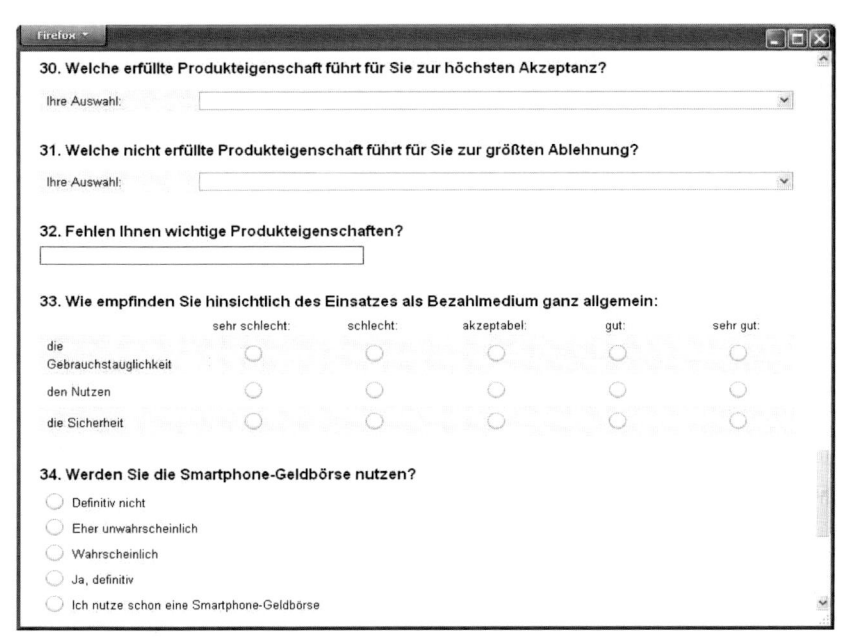

30. Welche erfüllte Produkteigenschaft führt für Sie zur höchsten Akzeptanz?
Ihre Auswahl:

31. Welche nicht erfüllte Produkteigenschaft führt für Sie zur größten Ablehnung?
Ihre Auswahl:

32. Fehlen Ihnen wichtige Produkteigenschaften?

33. Wie empfinden Sie hinsichtlich des Einsatzes als Bezahlmedium ganz allgemein:

	sehr schlecht:	schlecht:	akzeptabel:	gut:	sehr gut:
die Gebrauchstauglichkeit	○	○	○	○	○
den Nutzen	○	○	○	○	○
die Sicherheit	○	○	○	○	○

34. Werden Sie die Smartphone-Geldbörse nutzen?
○ Definitiv nicht
○ Eher unwahrscheinlich
○ Wahrscheinlich
○ Ja, definitiv
○ Ich nutze schon eine Smartphone-Geldbörse

Abbildung 58: Online - Befragung: Akzeptanz, Empfindungen, Nutzungsabsicht

University of Wales
Prifysgol Cymru

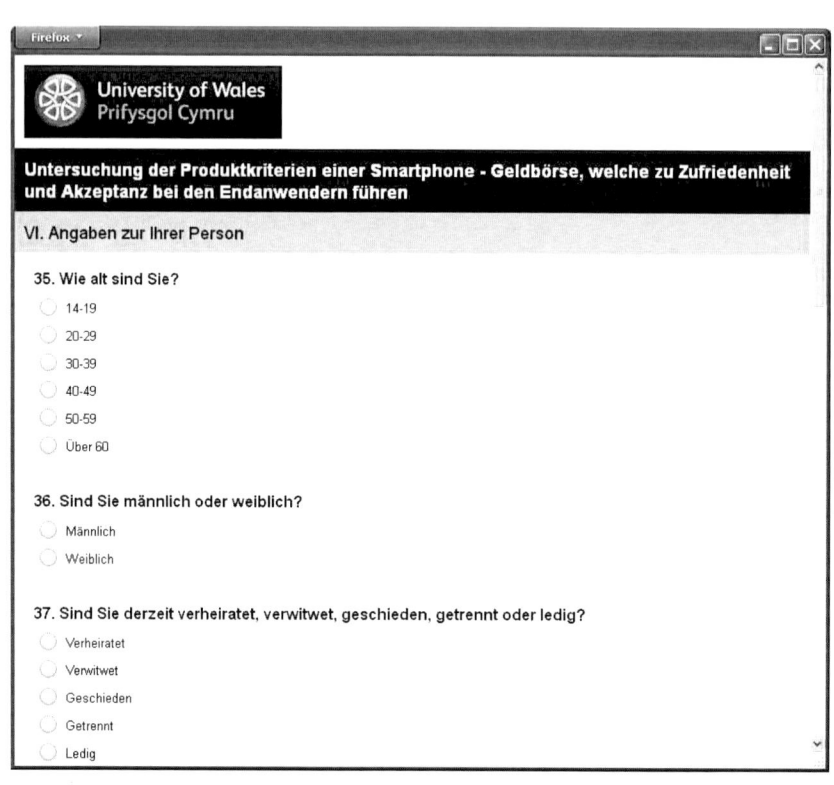

Untersuchung der Produktkriterien einer Smartphone - Geldbörse, welche zu Zufriedenheit und Akzeptanz bei den Endanwendern führen

VI. Angaben zur Ihrer Person

35. Wie alt sind Sie?
- 14-19
- 20-29
- 30-39
- 40-49
- 50-59
- Über 60

36. Sind Sie männlich oder weiblich?
- Männlich
- Weiblich

37. Sind Sie derzeit verheiratet, verwitwet, geschieden, getrennt oder ledig?
- Verheiratet
- Verwitwet
- Geschieden
- Getrennt
- Ledig

Abbildung 59: Online - Befragung: Abfrage der Benutzerangaben 1/2

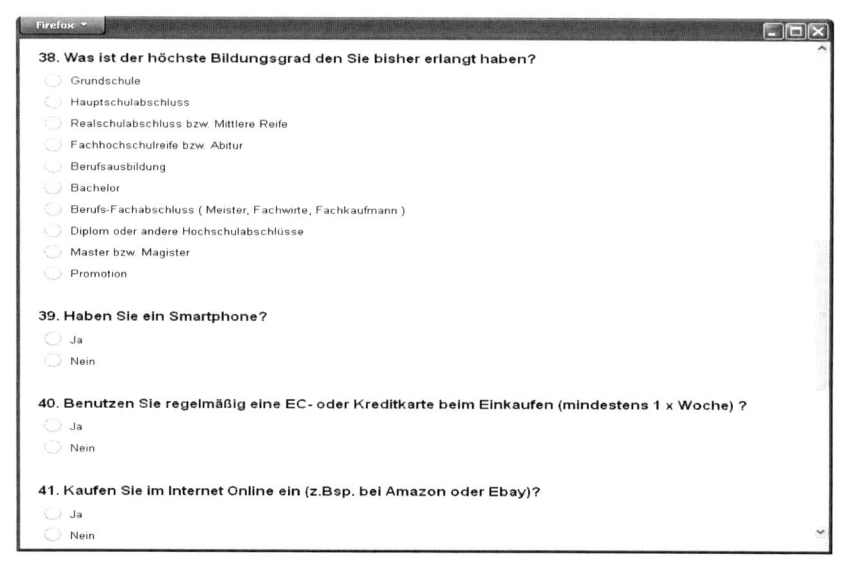

38. Was ist der höchste Bildungsgrad den Sie bisher erlangt haben?
- Grundschule
- Hauptschulabschluss
- Realschulabschluss bzw. Mittlere Reife
- Fachhochschulreife bzw. Abitur
- Berufsausbildung
- Bachelor
- Berufs-Fachabschluss (Meister, Fachwirte, Fachkaufmann)
- Diplom oder andere Hochschulabschlüsse
- Master bzw. Magister
- Promotion

39. Haben Sie ein Smartphone?
- Ja
- Nein

40. Benutzen Sie regelmäßig eine EC- oder Kreditkarte beim Einkaufen (mindestens 1 x Woche) ?
- Ja
- Nein

41. Kaufen Sie im Internet Online ein (z.Bsp. bei Amazon oder Ebay)?
- Ja
- Nein

Abbildung 60: Online - Befragung: Abfrage der Benutzerangaben 2/2